Grundwissen Politische Kommunikation

Herausgegeben von
K. Kamps, Stuttgart, Deutschland

Weitere Bände in dieser Reihe
http://www.springer.com/series/13373

Politische Kommunikation ist ein prominenter Gegenstand der Sozialwissenschaften, vor allem der Kommunikationswissenschaft, und entsprechend auch in der akademischen Lehre institutionalisiert. Die Reihe Grundwissen Politische Kommunikation vereint für das Studium und die Lehre einführende Texte, die erste strukturierte Einblicke in Objektbereiche der politischen Kommunikationsforschung bieten. Die einzelnen Bände widmen sich auf anschauliche und verständliche Weise intensiv jeweils einem Forschungsgebiet. Sie zeigen historische Entwicklungen auf, erläutern einschlägige Konzepte und gegebenenfalls Kontroversen und fassen empirische Befunde systematisch zusammen.

Herausgegeben von
Klaus Kamps
Hochschule der Medien Stuttgart
Stuttgart
Deutschland

Marcus Maurer

Nonverbale politische Kommunikation

Marcus Maurer
Johannes Gutenberg-Universität Mainz
Mainz
Deutschland

Grundwissen Politische Kommunikation
ISBN 978-3-658-11660-6   ISBN 978-3-658-11661-3 (eBook)
DOI 10.1007/978-3-658-11661-3

Die Deutsche Nationalbibliothek verzeichnet diese Publikation in der Deutschen Nationalbibliografie; detaillierte bibliografische Daten sind im Internet über http://dnb.d-nb.de abrufbar.

Springer VS
© Springer Fachmedien Wiesbaden 2016
Das Werk einschließlich aller seiner Teile ist urheberrechtlich geschützt. Jede Verwertung, die nicht ausdrücklich vom Urheberrechtsgesetz zugelassen ist, bedarf der vorherigen Zustimmung des Verlags. Das gilt insbesondere für Vervielfältigungen, Bearbeitungen, Übersetzungen, Mikroverfilmungen und die Einspeicherung und Verarbeitung in elektronischen Systemen.
Die Wiedergabe von Gebrauchsnamen, Handelsnamen, Warenbezeichnungen usw. in diesem Werk berechtigt auch ohne besondere Kennzeichnung nicht zu der Annahme, dass solche Namen im Sinne der Warenzeichen- und Markenschutz-Gesetzgebung als frei zu betrachten wären und daher von jedermann benutzt werden dürften.
Der Verlag, die Autoren und die Herausgeber gehen davon aus, dass die Angaben und Informationen in diesem Werk zum Zeitpunkt der Veröffentlichung vollständig und korrekt sind. Weder der Verlag noch die Autoren oder die Herausgeber übernehmen, ausdrücklich oder implizit, Gewähr für den Inhalt des Werkes, etwaige Fehler oder Äußerungen.

Lektorat: Barbara Emig-Roller, Monika Mülhausen

Gedruckt auf säurefreiem und chlorfrei gebleichtem Papier

Springer Fachmedien Wiesbaden ist Teil der Fachverlagsgruppe Springer Science+Business Media
(www.springer.com)

Inhaltsverzeichnis

1 **Nonverbale Kommunikation in der Politik**...... 1

2 **Nonverbale politische Kommunikation: Definitionen und Grundlagen**........... 5
   2.1 Kommunikation, Kommunikationskanäle, Kommunikationselemente............... 5
   2.2 Darstellungseffekte: Ein Modell zur Analyse medienvermittelter nonverbaler Kommunikation............. 10

3 **Evolutionsbiologische und soziokulturelle Ansätze zur Erklärung nonverbalen Verhaltens**.......................... 15
   3.1 Evolutionsbiologische Ansätze........................... 15
   3.2 Soziokulturelle Ansätze................................. 20

4 **Nonverbale Kommunikation in den Massenmedien**............... 23
   4.1 Methoden zur Analyse nonverbaler Medienkommunikation...... 23
   4.2 Visualisierung als politische Strategie...................... 33
   4.3 Nonverbale Politikerdarstellungen in den Massenmedien........ 41

5 **Die Wahrnehmung verbaler und nonverbaler Kommunikation**..... 55
   5.1 Wahrnehmung, Verarbeitung, Erinnerung: Definitionen......... 55
   5.2 Zuwendung zu Informationen: Die Anziehungskraft nonverbaler Kommunikation............................. 58
   5.3 Informationsverarbeitung: Dual Coding-Theorie und Elaboration-Likelihood-Model....................... 63

6 Die Wirkung nonverbaler Kommunikation auf die politische Meinungsbildung 69
6.1 Wirkungen physischer Attraktivität 69
6.2 Wirkungen von Gestik und Mimik......................... 78
6.3 Wirkungen vokaler Kommunikation 91
6.4 Wirkungen journalistischer Darstellungstechniken 95
6.5 Kombinierte Wirkungen des nonverbalen Kommunikationskanals 101

7 Die Wirkungen verbaler und nonverbaler politischer Kommunikation im Vergleich............................... 109
7.1 Experimente zur Wirkung inkonsistenter Stimuli 111
7.2 Experimente zur Wirkung künstlich inhaltsgleicher Stimuli 112
7.3 Experimente zur Wirkung inhaltlich verschiedener Stimuli 113
7.4 Mehrkanal-Experimente zur Wirkung natürlicher Stimuli....... 115
7.5 Methodenkombinationen aus Inhaltsanalyse- und Befragungsdaten 118

8 Fazit: Die Bedeutung nonverbaler Kommunikation in der Politik.. 121

Literatur 127

Nonverbale Kommunikation in der Politik

1

Zusammenfassung

In diesem Kapitel erläutern wir kurz, warum nonverbale Kommunikation für die politische Meinungsbildung zunehmend relevant wird, und geben einen Überblick über das Lehrbuch.

In den vergangenen 30 Jahren sind in Deutschland rund 200 Praxisratgeber über die menschliche Körpersprache erschienen, noch immer kommt etwa jeden Monat ein neuer hinzu. Sie tragen Titel wie „Körpersprache – wahrnehmen, erkennen, deuten", „Körpersprache im Beruf. Wie Sie andere überzeugen und begeistern", „Alles über Körpersprache. Sich selbst und andere besser verstehen" oder „Menschen lesen. Ein FBI-Agent erklärt, wie man Körpersprache entschlüsselt" und erläutern in einem allenfalls populärwissenschaftlichen Stil, wie man nonverbal überzeugend auftritt und die nonverbale Kommunikation anderer richtig liest. Zugleich verbreiten Kommunikationstrainer auf der ganzen Welt die so genannte Mehrabian-Formel, die suggeriert, dass die Urteile über andere Menschen zu 93 % auf nonverbaler und nur zu 7 % auf verbaler Kommunikation basieren. Die zunehmende Professionalisierung der politischen Kommunikation und der damit einhergehende Einfluss von Kommunikationsberatern auf die Politik hat dazu geführt, dass diese ‚Erkenntnisse' mittlerweile in die Literatur zur Wahlkampfplanung (Kolbe 2000), in Handbücher zum Medientraining (Sattler 2014) und in Praxisratgeber für politische Journalisten (Prosser und Blaes 1997) übernommen werden. Spitzenpolitiker auf der ganzen Welt trainieren insbesondere vor Fernsehdebatten in Wahlkämpfen über mehrere Wochen ihre Körpersprache. Selbst Lokalpolitikern werden von ihren Parteien mittlerweile entsprechende Schulungen angeboten. Medienberichte über die überragende Bedeutung nonverbaler Kommunikation in der Politik, Volksweisheiten wie die, dass ein Bild mehr sagt als tausend Worte, und populäre Fernsehserien wie *Lie to me*, in denen Lügner einzig über ihre nonverbale

Kommunikation entlarvt werden, tragen dazu bei, auch die Bevölkerung von einer erheblichen Bedeutung nonverbaler Kommunikation zu überzeugen.

Dem steht bislang eine erstaunlich geringe Menge an wissenschaftlichen Untersuchungen zur Bedeutung nonverbaler politischer Kommunikation gegenüber. Zwar beschäftigt sich die Psychologie seit geraumer Zeit mit der Frage, welche Rückschlüsse nonverbale Kommunikation auf die Emotionen von Menschen zulässt und welche Rolle sie für die Meinungsbildung spielt. Dabei untersucht sie jedoch in der Regel Alltagskommunikation, also z. B. die Meinungsbildung über andere Menschen während persönlicher Gespräche in alltäglichen Situationen. Von diesen Erkenntnissen kann zwar auch die Forschung zur politischen Kommunikation profitieren, weil sich die Meinungsbildung über Politiker nicht grundsätzlich von der Meinungsbildung über andere Menschen unterscheiden dürfte. Ob Befunde, die anhand von interpersonaler Alltagskommunikation gewonnen wurden, aber unmittelbar auf politische Kommunikation übertragen werden können, kann man zum einen bezweifeln, weil diese überwiegend medienvermittelt ist und deshalb viele Elemente nonverbaler Kommunikation gar nicht wirksam werden können. Zum anderen hat sie einen spezifischen Gegenstand, der möglicherweise andere Urteilskriterien verlangt als z. B. das erste Kennenlernen bei einem Blind Date.

Die wissenschaftliche Forschung im Bereich der politischen Kommunikation hat die Bedeutung nonverbaler Signale lange ignoriert. Die Hauptursache hierfür ist vermutlich, dass die meisten Theorien zur Erklärung politischen Verhaltens lange Zeit von mehr oder weniger rationalen Wählern ausgegangen sind, deren Meinungsbildung und Entscheidungsfindung einzig und allein auf der Auseinandersetzung mit politischen Argumenten basiert. Für die Vorstellung, dass Menschen ihre politischen Urteile und Entscheidungen unbewusst auch von so profanen Dingen wie dem Aussehen oder dem Auftreten eines Politikers abhängig machen könnten, war in diesen Theorien kein Platz. Darüber hinaus kann man annehmen, dass die Bedeutung nonverbaler politischer Kommunikation tatsächlich erst in den vergangenen Jahrzehnten deutlich zugenommen hat, weil die Politik selbst zunehmend auf visuelle Inszenierungen setzt und Medienberichte über Politik heute deutlich mehr nonverbale Eindrücke von Politikern vermitteln als in früheren Zeiten. Eine Konsequenz hieraus ist, dass die Forschung zu den Inhalten, Rahmenbedingungen und Wirkungen nonverbaler Kommunikation in den letzten 25 Jahren deutlich zugenommen hat (Lobinger 2012).

Wir wollen in diesem Band einen Überblick über die hierbei gewonnenen Erkenntnisse geben und berücksichtigen dabei Theorien und Forschungsergebnisse aus ganz unterschiedlichen Wissenschaftsdisziplinen: Kommunikationswissenschaft, Psychologie, Politikwissenschaft, Neurowissenschaft, Sprachwissenschaft und einige mehr. Wir beginnen mit einem kurzen Kapitel, in dem wir den Begriff *nonverbale Kommunikation* definieren und von anderen Kommunikationsformen abgrenzen. Außerdem stellen wir in diesem Kapitel ein Modell des nonverbalen Kommunikationsprozesses vor, an dem wir uns in den folgenden Kapiteln orientieren (Kap. 2). Im darauf folgenden Kapitel beschäftigen wir uns mit unterschiedlichen Erklärungen dafür, warum Menschen nonverbal so kommunizieren, wie sie es tun. Wir werden dabei sowohl evolutionsbiologische als auch soziokulturelle Erklärungsansätze einbeziehen (Kap. 3). Anschließend diskutieren wir die Frage, wie sich der Umfang und die Inhalte nonverbaler politischer Kommunikation in den vergangenen Jahrzehnten entwickelt haben. Dabei behandeln wir zunächst einige Methoden zur Analyse medienvermittelter nonverbaler Kommunikation und diskutieren dann eine Reihe von Forschungsbefunden zu den Merkmalen nonverbaler Informationen in der Wahlkampfkommunikation politischer Parteien und in der politischen Medienberichterstattung (Kap. 4). Im fünften Kapitel beschäftigen wir uns mit der Wahrnehmung, Verarbeitung und Erinnerung an nonverbale Kommunikation. Wir werden dabei zeigen, dass nonverbale Informationen mit größerer Wahrscheinlichkeit genutzt und vom Gehirn schneller wahrgenommen und verarbeitet werden als verbale Informationen. Zugleich werden sie besser erinnert. Außerdem werden wir ein Modell der Informationsverarbeitung diskutieren, das Annahmen darüber trifft, unter welchen Bedingungen nonverbale Kommunikation die Meinungsbildung besonders stark prägt (Kap. 5). Im sechsten und siebten Kapitel des Bandes diskutieren wir schließlich die Einflüsse nonverbaler Kommunikation auf die politische Meinungsbildung. Dabei beschäftigen wir uns zunächst nur mit den Wirkungen nonverbaler Kommunikation und einzelner nonverbaler Kommunikationselemente (Kap. 6). Anschließend vergleichen wir die Wirkungen nonverbaler mit den Wirkungen verbaler Kommunikation. Dabei unterscheiden wir verschiedene Forschungsdesigns und zeigen, dass die Wahl des Designs einen erheblichen Einfluss auf die Befunde der Studien hat (Kap. 7). Im letzten Kapitel fassen wir schließlich die wichtigsten Erkenntnisse noch einmal zusammen und leiten daraus Folgerungen über die Bedeutung nonverbaler Kommunikation für Wissenschaft und politische Kommunikationspraxis ab (Kap. 8).

Nonverbale politische Kommunikation: Definitionen und Grundlagen

2

Zusammenfassung

In diesem Kapitel definieren wir zunächst die Begriffe Kommunikation und politische Kommunikation. Anschließend unterscheiden wir zwischen verbaler und nonverbaler Kommunikation (Kommunikationskanäle) und beschäftigen uns mit den verschiedenen Möglichkeiten, nonverbal zu kommunizieren (Kommunikationselemente). Wir argumentieren, dass Politik heute fast ausschließlich medienvermittelt ist, und verdeutlichen, welche Elemente nonverbaler Kommunikation in diesem Kontext besonders relevant sind. Schließlich präsentieren wir ein Modell medienvermittelter nonverbaler politischer Kommunikation, das als Grundlage für die weiteren Kapitel dieses Lehrbuchs dient.

2.1 Kommunikation, Kommunikationskanäle, Kommunikationselemente

Der Begriff *Kommunikation* wird häufig vage und vieldeutig verwendet. Tatsächlich kann man eine Reihe mehr oder weniger komplexer Kommunikationsmodelle unterscheiden (im Überblick z. B. Kunczik und Zipfel 2001, S. 41 ff.). In einer einfachen Form, die für unsere Zwecke zunächst ausreicht, bezeichnet man mit diesem Begriff den Prozess, bei dem durch den Austausch von Zeichen oder Symbolen, die in einem bestimmten Kanal transportiert werden, Bedeutungen zwischen einem Sender und einem Empfänger generiert werden. Dabei werden die Botschaften vom Sender encodiert (verschlüsselt), d. h. in Zeichen transformiert. Der Empfänger oder Rezipient decodiert (entschlüsselt) die Zeichen, d. h. er interpretiert und bewertet sie.

Politische Kommunikation unterscheidet sich von anderen Kommunikationssituationen durch ihren Gegenstand. Sie ist zunächst allgemein jede Kommunikation,

„die von politischen Akteuren ausgeübt wird, die an sie gerichtet ist, oder die sich auf politische Akteure und ihre Aktivitäten bezieht" (Schulz 2011, S. 16). Henn et al. (2013) unterscheiden darüber hinaus ein weites und ein enges Verständnis von politischer Kommunikation. Demnach ist politische Kommunikation in einem weiten Sinne diejenige Kommunikation, „in der politische Kommunikationsakteure (…) in unterschiedlich öffentlich zugänglichen Kontexten (…) ihre Interessen durchsetzen und/oder sich verständigen, und zwar im Hinblick auf politisch relevante Sachverhalte (…)". Politische Kommunikation in einem engen Sinne ist demnach diejenige Kommunikation, „in der stark in das politische System eingebundene Akteure in einer massenmedial vermittelten Öffentlichkeit über politisch relevante Sachverhalte kommunizieren" (Henn et al. 2013, S. 383). Wir folgen hier weitgehend der engen Definition, weil wir uns vor allem für das nonverbale Verhalten von Politikern, dessen Darstellung durch Journalisten und dessen Wirkungen auf das Publikum interessieren. Dagegen beschäftigen wir uns hier z. B. nicht mit dem nonverbalen Verhalten von Bürgern in interpersonalen Gesprächen über politische Themen.

Der eingangs erläuterte Kommunikationsbegriff ist bezogen auf die geschriebene und gesprochene Sprache (verbale Kommunikation) relativ unstrittig. Verbale Informationen werden in der Regel bewusst ausgesendet und werden, wenn Sender und Empfänger das gleiche Zeichensystem verwenden, auch relativ ähnlich interpretiert. Im Falle von nonverbalen Informationen ist dies jedoch keineswegs so eindeutig. Deshalb lassen sich hier drei grundlegend verschiedene Sichtweisen darüber unterscheiden, welche Arten von Informationen unter den Begriff *nonverbale Kommunikation* fallen sollen. Zentrales Unterscheidungskriterium der drei Sichtweisen ist das Verhältnis von nonverbalem Verhalten zu nonverbaler Kommunikation. In der ersten, sehr weiten Definition sind beide mehr oder weniger deckungsgleich. Hier wird jedes nonverbale Verhalten als Kommunikation betrachtet, wenn es von Rezipienten wahrgenommen wird. Diese Definition liegt beispielsweise implizit dem auch bei Kommunikationspraktikern beliebten Satz des bekannten Psychotherapeuten und Kommunikationstheoretikers Paul Watzlawick: „Man kann nicht nicht kommunizieren" zugrunde, mit dem häufig eine besondere Bedeutung nonverbaler Kommunikation begründet wird. Während Menschen sich nur an einem Bruchteil des Tages mit anderen verbal austauschen, kommunizieren sie demnach ununterbrochen nonverbal. Der Körper sendet unbewusst in jeder Sekunde unzählige Signale aus, die der Sender kaum kontrollieren kann. Mehr oder weniger alle diese Signale werden von verschiedenen Empfängern decodiert und tragen zu deren Meinungsbildung über den Sender bei. Dies klingt zwar auf den ersten Blick plausibel. Die Definition geht vermutlich aber dennoch zu weit, weil man sich eine ganze Reihe nonverbaler Verhaltensweisen vorstellen kann, die man nur schwer als Kommunikation im Sinne der oben zitierten allgemeinen Definition betrachten kann. In einer zweiten, sehr engen Definition wird deshalb ein Großteil des nonverbalen Verhaltens gar nicht als Kommunikation betrachtet. Einige Autoren definieren nonverbales Verhalten nur dann als Kommunikation, wenn dem Sender dabei eine Absicht unterstellt werden kann. Diese Begrenzung ist auf den ersten Blick insofern sinnvoll, als ja auch verbale Kommunikation prinzipiell intentional ist. Auf den zweiten Blick ist sie jedoch mit zwei Problemen verbunden: Zum einen ist es oft unmöglich zu entscheiden, ob ein bestimmtes nonverbales Verhalten beabsichtigt ist oder nicht. Wie und vom wem soll beispielsweise entschieden werden, ob ein Gast, der in einer politischen Talkshow die Stirn runzelt, dem Moderator damit seine Unzufriedenheit mit den Fragen kommunizieren möchte oder ob er gerade an etwas vollkommen anderes denkt? Zum anderen geschieht ein großer Teil nonverbalen Verhaltens so automatisiert, dass man darüber nicht bewusst nachdenken muss. Wenn ein Politiker einen anderen bei einem Staatsempfang freundlich begrüßt, mag dies zwar grundsätzlich dem taktischen Ziel geschuldet sein, dessen Sympathie zu gewinnen oder einen guten Eindruck beim Fernsehpublikum zu hinterlassen. Dennoch wird man kaum unterstellen können, dass dabei jedes einzelne nonverbale Verhalten (Lächeln, Augenkontakt, Körperhaltung etc.) vollständig bewusst ausgeübt wird. Würde man die Forderung, dass nur bewusstes Verhalten als nonverbale Kommunikation betrachtet werden soll, konsequent umsetzen, würde folglich ein Großteil des für die politische Meinungsbildung relevanten Verhaltens ausgeschlossen werden.

Einen Kompromiss aus diesen beiden Extrempositionen stellt die dritte Definition nonverbaler Kommunikation dar, die wir hier diskutieren wollen. Folgt man ihr, werden alle nonverbalen Verhaltensweisen als Kommunikation betrachtet, die einem gesellschaftlich geteilten Code zuzuordnen sind. Dies gilt für Verhaltensweisen, die 1) in der Regel bewusst ausgeübt werden, 2) innerhalb einer Gesellschaft häufig ausgeübt werden, 3) in der Regel als bewusst wahrgenommen werden und 4) allgemein bekannte Bedeutungen haben (Burgoon et al. 2010, S. 16). Demnach müssen Verhaltensweisen nicht immer bewusst ausgeübt werden, um als Kommunikation betrachtet zu werden. Es genügt, dass sie von verschiedenen Sendern häufig angewandt werden, um eine bestimmte Botschaft zu encodieren und von verschiedenen Empfängern häufig entsprechend decodiert werden. Die Definition ist zwar etwas vage, weil Begriffe wie „in der Regel" oder „häufig" nicht näher bestimmt werden. Darum geht es aber auch nicht. Entscheidend ist vielmehr, dass es in jeder Gesellschaft und, wie wir später sehen werden (Kap. 3), oft auch darüber hinaus ein allgemein akzeptiertes Repertoire nonverbaler Verhaltensweisen gibt, das man als eine Art Lexikon nonverbaler Kommunikation betrachten kann. Mit diesen Verhaltensweisen wollen wir uns hier beschäftigen.

Nachdem wir nun grundsätzlich das Verhältnis von nonverbalem Verhalten und nonverbaler Kommunikation geklärt haben, wollen wir im nächsten Schritt diskutieren, welche Verhaltensweisen unter dem Begriff nonverbale Kommunikation zusammengefasst werden. Dazu grenzen wir zunächst nonverbale von verbaler Kommunikation ab. Maßgebend für diese Abgrenzung ist der Kanal, über den eine Botschaft transportiert wird. Dem verbalen Kanal ordnet man dabei jede Form von gesprochener und geschriebener Sprache zu. Nonverbale Kommunikation ist dementsprechend zunächst jede Form von Kommunikation, die nicht verbal vermittelt wird. Dabei lassen sich auf einer ersten Ebene verschiedene nonverbale *Kommunikationskanäle* unterscheiden: der visuelle Kanal, der vokale Kanal, der olfaktorische Kanal, der taktile Kanal, der gustatorische Kanal sowie weitere Arten nonverbaler Kommunikation, die hier weniger von Bedeutung sind. Auf einer zweiten Ebene kann man innerhalb dieser Kommunikationskanäle wiederum einzelne *Kommunikationselemente* unterscheiden.

Die Elemente *verbaler Kommunikation* lassen sich grob in solche Elemente unterteilen, die den Inhalt einer Botschaft konstituieren, und solche, die die Aussagekraft der Botschaft unterstreichen. Bezogen auf politische Kommunikation gehört zu den ersten z. B. das Thema einer Aussage (z. B. Wirtschaftspolitik, Sozialpolitik usw.), das Objekt, um das es in einer Aussage geht (z. B. der Redner selbst, sein politischer Kontrahent oder Dritte wie z. B. die Bevölkerung) oder die Tendenz der Bewertung des Objekts (positiv oder negativ). Elemente, die verbale Botschaften unterstreichen, sind z. B. rhetorische Stilmittel wie emotionale Appelle oder Evidenzen, Metaphern und Humor.

Die wichtigsten Elemente *visueller Kommunikation* sind Gestik, Mimik und Blickverhalten, die man zusammengenommen auch als Kinesik oder umgangssprachlich als Körpersprache bezeichnet. Gestik bezeichnet dabei die Bewegungen von Armen, Händen, Beinen und Kopf. Mimik bezeichnet die verschiedenen Gesichtsausdrücke. Beim Blickverhalten geht es insbesondere um die Frage, ob man sein Gegenüber in einem interpersonalen Gespräch oder die Zuschauer vor dem Fernseher in einer Fernsehdebatte direkt ansieht oder den Blickkontakt vermeidet. Zum visuellen Kommunikationskanal gehören auch die physische Attraktivität einer Person sowie ihr gesamter Habitus. Physische Attraktivität betrifft ganz allgemein die Frage, ob eine Person schön bzw. gutaussehend ist. Sie liegt, anders als es der Volksmund behauptet, nicht im Auge des Betrachters, sondern ist ein feststehendes Persönlichkeitsmerkmal, das von unterschiedlichen Menschen sehr ähnlich beurteilt wird (Attraktivitätskonsens). Davon zu unterscheiden sind noch einmal leicht veränderbare Merkmale wie Kleidung, Frisur oder Schmuck. *Vokale Kommunikation* besteht aus den Elementen Sprechgeschwindigkeit, Stimmfrequenz und Lautstärke, aber auch Sprachfärbung (Dialekt) oder Sprechpausen. Es

2.1 Kommunikation, Kommunikationskanäle, Kommunikationselemente

geht hier also zwar um sprachliche Merkmale, aber um solche, die nicht den Kommunikationsinhalt selbst betreffen. Vokale Kommunikation wird deshalb auch als *Parasprache* oder *Prosodie* bezeichnet. *Olfaktorische Kommunikation* bezeichnet das Kommunizieren über den Geruchssinn, *taktile Kommunikation* das Kommunizieren über Berührungen und *gustatorische Kommunikation* das Kommunizieren über den Geschmackssinn.

Visuelle Kommunikation versus Visuelle Kommunikation
Der Begriff *Visuelle Kommunikation* wird auf zwei unterschiedliche Arten verwendet. Wir betrachten visuelle Kommunikation hier als die Form nonverbaler Kommunikation, die über den visuellen Kanal transportiert wird. Wir stellen uns dabei in eine sozialwissenschaftliche Tradition, die ihren Ursprung in der Erforschung interpersonaler Alltagskommunikation in der Psychologie hat, später aber auf medienvermittelte Kommunikation wie Pressefotos oder Fernsehbilder übertragen wurde. Eine zweite Sichtweise auf den Begriff *Visuelle Kommunikation* stammt aus einer eher geistes- bzw. kulturwissenschaftlichen Tradition, die ihren Ursprung vor allem in der Semiotik und der Kunstgeschichte hat und später ebenfalls auf medienvermittelte Kommunikation übertragen wurde. Dabei wurden traditionelle Methoden zur Analyse von Kunstwerken wie Ikonografie und Ikonologie zu einer speziellen, auf Medien bezogenen Bildwissenschaft weiterentwickelt, die sich mit Pressefotos, aber auch mit bewegten Fernsehbildern beschäftigt. Die ursprünglich einmal sehr verschiedenen Fragestellungen beider Perspektiven decken sich, sobald sie sich auf denselben Untersuchungsgegenstand beziehen, z. B. wenn es um die Inhalte oder um die Wirkung eines Pressefotos geht, auf dem Gestik und Mimik eines Politikers erkennbar sind. Erstaunlicherweise werden beide Zugänge aber nur selten miteinander verbunden, obwohl sie sich explizit als interdisziplinäre Ansätze verstehen. Liest man beispielsweise in einem der wichtigsten kommunikationswissenschaftlichen Nachschlagewerke, der International Encyclopedia of Communication, die fast unmittelbar aufeinander folgenden Einträge über visuelle Kommunikation (Griffin 2008) und über die Verarbeitung visueller Informationen (Bailenson und Ahn 2008), finden sich keinerlei Anknüpfungspunkte oder Querverweise. Wir wollen uns hier auf die sozialwissenschaftliche Perspektive konzentrieren und verweisen für die kulturwissenschaftliche Perspektive sowie Vergleiche zwischen beiden auf die umfassenden Darstellungen von Sachs-Hombach (2003), Müller (2003), Grittmann (2007) und Lobinger (2012).

2.2 Darstellungseffekte: Ein Modell zur Analyse medienvermittelter nonverbaler Kommunikation

Wir haben bereits in der Einleitung kurz darauf hingewiesen, dass politische Kommunikation heute fast ausschließlich medienvermittelt ist. Belegen lässt sich dies beispielsweise mit Repräsentativbefragungen, in denen Menschen danach gefragt werden, aus welchen Quellen sie sich über Politik informieren. Die mit Abstand meisten Menschen nennen bei solchen Befragungen die Fernsehnachrichten. In einer im Bundestagswahlkampf 2009 durchgeführten Studie (Reinemann et al. 2013, S. 142) traf dies auf 75% der Befragten zu. Am zweithäufigsten wurden Tageszeitungen genannt (57%), danach folgten Sondersendungen im Fernsehen wie z. B. Fernsehdebatten (49%). Deutlich weniger als die Hälfte der Befragten (39%) nannten das Radio oder das Internet (29%), wobei sich dessen Bedeutung für die politische Kommunikation seitdem aber weiter vergrößert haben dürfte. Unter den nicht medialen Informationskanälen wurden nur Gespräche mit Verwandten und Bekannten (38%) und die Wahlprogramme der Parteien (30%) häufig genannt. Andere Informationsquellen wie Wahlwerbung oder direkte Gespräche mit Politikern spielen als Informationsquellen für die meisten Menschen keine Rolle.

Die Tatsache, dass Politik bei weitem überwiegend medienvermittelt ist, hat erstens erhebliche Folgen für die Bedeutung der verschiedenen nonverbalen Kommunikationselemente für die politische Meinungsbildung: Während olfaktorische, taktile oder gustatorische Kommunikation in vielen interpersonalen Kommunikationssituationen für die Meinungsbildung relevant sein können, spielen sie in der medienvermittelten Kommunikation offenkundig keine Rolle. Wir wollen uns deshalb in diesem Band auf die für die Meinungsbildung von Medienrezipienten relevanten Aspekte nonverbaler Kommunikation konzentrieren. Dies ist zum einen die visuelle Kommunikation, die auch im Rahmen der Forschung zur politischen Kommunikation mittlerweile durchaus häufig untersucht wird, und zum anderen die vokale Kommunikation, zu der bislang deutlich weniger Erkenntnisse vorliegen. Die Tatsache, dass Politik bei weitem überwiegend medienvermittelt ist, deutet zweitens darauf hin, dass eine Beschäftigung mit dem nonverbalen Verhalten der in den Massenmedien dargestellten Politiker zu kurz greift. Diese muss vielmehr ergänzt werden um eine Beschäftigung mit den Selektionskriterien und Darstellungsweisen der am Produktionsprozess beteiligten Medienakteure, insbesondere Journalisten, Fotografen, Kameraleute und Cutter, weil diese darüber entscheiden, welche Aspekte des nonverbalen Verhaltens für die Mediennutzer erkennbar werden.

2.2 Darstellungseffekte: Ein Modell zur Analyse medienvermittelter ...

Hans Mathias Kepplinger (1987) hat die Rolle dieser Einflüsse, die er als Darstellungseffekte bezeichnet, in einem mehrstufigen Wirkungsmodell zusammengefasst. Demnach stellt das reale nonverbale Verhalten der Dargestellten die erste Stufe des Wirkungsprozesses dar. Es umfasst Gestik und Mimik sowie physische Attraktivität und vokale Kommunikation, die Kepplinger in seinem Modell Aussehen und Sprechweise nennt (Abb. 2.1). Das reale Verhalten der Protagonisten wird auf der zweiten Stufe durch Aufnahme- und Editionstechniken wie Kameraperspektiven, Einstellungsgrößen und Schnitttechniken gebrochen und somit zum dargestellten Verhalten. Das dargestellte Verhalten kann sich vom realen Verhalten deutlich unterscheiden, und zwar nicht nur dann, wenn Massenmedien Bilder manipulieren, was nur in seltenen Fällen vorkommen dürfte. Solche Abweichungen entstehen in der Regel vielmehr dadurch, dass Kameraleute beispielsweise mit der Wahl der Einstellungsgröße darüber entscheiden, ob Gestik oder Mimik der Protagonisten überhaupt erkennbar werden, oder dadurch, dass Journalisten bewusst oder unbewusst Bilder auswählen, die die Dargestellten in einem besonders guten oder besonders schlechten Licht erscheinen lassen, obwohl auch andere Bilder verfügbar gewesen wären.

Die dritte Stufe des Wirkungsmodells bildet die kurzfristige Wahrnehmung des dargestellten Verhaltens durch die Rezipienten. Sie wird vereinfacht ausgedrückt von zwei Quellen geprägt: dem dargestellten Verhalten selbst und verschiedenen Rezipientenmerkmalen, die die Wahrnehmung der rezipierten Informationen steuern. Dazu gehören insbesondere Vorwissen und Voreinstellungen gegenüber den dargestellten Politikern, aber auch die Motivation und die Fähigkeit, die präsentierten Informationen aufzunehmen und zu verstehen. Je nachdem, wie diese Merkmale bei den Rezipienten ausgeprägt sind, werden ihre Wahrnehmungen ein und derselben Darstellung ganz unterschiedlich ausfallen. Man kann die kurzfristige Wahrnehmung folglich als individuellen, spontanen Eindruck von den dargestellten Politikern während der Rezeption von Medieninhalten betrachten. Auf der vierten Stufe des Wirkungsmodells werden die kurzfristigen Wahrnehmungen der Rezipienten zu längerfristigen Vorstellungen von den dargestellten Politikern. Vereinfacht ausgedrückt führen insbesondere wiederholte, identische Eindrücke von einer dargestellten Person dazu, dass die Rezipienten dieser Person grundsätzliche Persönlichkeitseigenschaften zuschreiben, die über ihre jeweils aktuellen Eindrücke von den Politikern hinausgehen. Auf der fünften Stufe schlagen sich die Vorstellungen von den Politikern z. B. im Wahlverhalten der Rezipienten nieder. Die nonverbale Darstellung von Politikern in den Massenmedien hat somit vermutlich auch gesellschaftliche Folgen, die über die Meinungsbildung über einzelne Politiker hinausgehen.

2 Nonverbale politische Kommunikation: Definitionen und Grundlagen

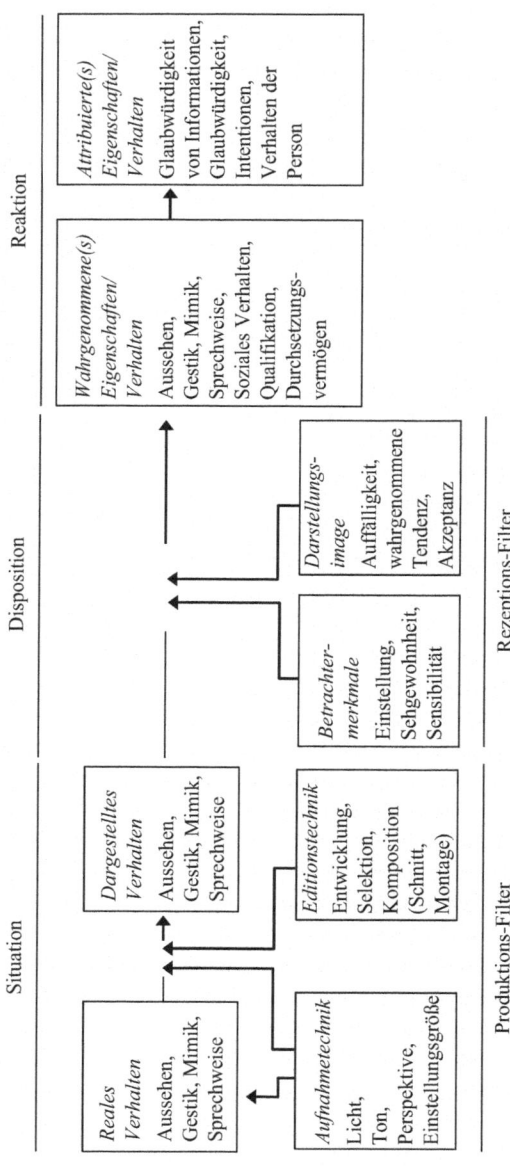

Abb. 2.1 Darstellungseffekte im Modell. (Quelle: Kepplinger 1987)

Wir wollen dieses Modell im Folgenden dazu verwenden, den weiteren Verlauf dieses Lehrbuchs zu strukturieren. Wir werden uns deshalb im folgenden Kapitel zunächst mit der Frage beschäftigen, wie sich das reale nonverbale Verhalten von Politikern erklären lässt und welche Schlüsse die Rezipienten aus diesem ziehen können. Anschließend beschäftigen wir uns mit dem in den Massenmedien dargestellten Verhalten von Politikern, mit der Nutzung, der Wahrnehmung und der Verarbeitung von nonverbalen Informationen und schließlich mit ihrer Wirkung.

Evolutionsbiologische und soziokulturelle Ansätze zur Erklärung nonverbalen Verhaltens

3

Zusammenfassung

In diesem Kapitel systematisieren wir Erklärungsansätze dafür, warum Menschen nonverbal so kommunizieren, wie sie es tun. Dabei diskutieren wir einerseits evolutionsbiologische Erklärungen, die davon ausgehen, dass das nonverbale Verhalten genetisch bedingt ist und mehr oder weniger unbewusst Grundemotionen wie Angst, Wut, Freude, Trauer, Ekel, Überraschung und Verachtung ausdrückt. Andererseits diskutieren wir soziokulturelle Erklärungen, die davon ausgehen, dass das nonverbale Verhalten im Verlauf des Lebens gelernt wird. Dabei thematisieren wir auch, inwieweit sich das nonverbale Verhalten in unterschiedlichen Kulturen unterscheidet, und ob Emotionen mit Hilfe nonverbaler Kommunikation auch bewusst vorgetäuscht werden können.

3.1 Evolutionsbiologische Ansätze

Die Vorstellung, dass sich Charaktereigenschaften von Menschen in ihrem Körperbau oder ihrem nonverbalen Verhalten widerspiegeln, gehört zu den ältesten Ideen der Menschheit. Sie findet sich bei Aristoteles, der sowohl Elemente des Körperbaus als auch der Körpersprache für Indikatoren des Temperaments einer Person hielt, in der mittelalterlichen Geheimwissenschaft der Physiognomik, die sich mit dem Zusammenhang zwischen Körperbau und Geist beschäftigte, und in der Pathognomik, die erstmals auch einen Zusammenhang zwischen der Mimik einer Person und ihrem Charakter herstellte. Allen Ansätzen ist gemeinsam, dass sie einen naturgegebenen Zusammenhang zwischen verschiedenen Elementen des nonverbalen Verhaltens und dem Charakter einer Person unterstellen. Somit handelt es sich im Grunde um biologische Ansätze. Auch wenn sich diese Überlegungen zeitweise einer erheblichen Popularität erfreuten, lässt sich ihr wissenschaftlicher Gehalt aus heutiger Sicht allerdings nur als äußerst begrenzt charakterisieren. Als eigentlicher Ausgangspunkt biologischer Ansätze zur Erklärung des nonverbalen Verhaltens gilt deshalb die evolutionsbiologische Forschung Charles Darwins (für einen ausführlichen Überblick vgl. Burgoon et al. 2010, S. 58 ff.). Als allgemeine Grundlage kann man dabei seine Überlegungen zur natürlichen Selektion betrachten. Demnach haben Organismen mit vorteilhaften Eigenschaften bessere Chancen zu überleben, sich zu vermehren und die vorteilhaften Eigenschaften somit durch Vererbung an ihre Nachkommen weiterzugeben. Weniger vorteilhafte Eigenschaften sollten dagegen auf längere Sicht aussterben. Darwins Überlegungen bezogen sich zunächst nur auf den Körperbau. Gute Überlebenschancen haben demnach kräftige Lebewesen mit schnellen Beinen, guten Augen usw. Die Evolutionspsychologie geht jedoch davon aus, dass neben physischen und kognitiven Merkmalen wie der Intelligenz auch die Möglichkeit, Emotionen zu empfinden, das Überleben sichert. Das kann man damit begründen, dass das Empfinden bestimmter Emotionen mit physischen Reaktionen einhergeht, die bei der Bewältigung von Problemen hilfreich sind. So ist das Empfinden von Angst u. a. damit verbunden, dass sich die Pupillen weiten, wodurch sich die Sehschärfe verbessert, und Hormone produziert werden, die überflüssige Körpersysteme blockieren, um Energie für die Abwehr eventueller Gefahren zu sparen. Aus evolutionsbiologischer Perspektive sind Lebewesen, die Angst empfinden können, folglich vor Gefahren besser gewappnet als solche, die dies nicht können.

Aufbauend auf seinen allgemeinen evolutionstheoretischen Überlegungen hat sich Darwin in seinem späteren Werk eingehender mit dem Verhältnis von *Mimik* und Emotionen beschäftigt (Darwin 1872). Er entwickelte dabei die Idee, dass die Mimik ein Ausdruck menschlicher Emotionen ist. Darüber hinaus nahm er an, dass verschiedene Menschen dieselben Emotionen mit derselben Mimik ausdrücken. Weil er zudem vermutete, dass die mimischen Ausdrücke von Emotionen häufig eine direkte Folge physischer Reaktionen sind, folgerte er schließlich, dass sie überwiegend genetisch bestimmt sein müssen. Rund 100 Jahre später griff u. a. der amerikanische Psychologe Paul Ekman diese Idee auf und verhalf ihr endgültig zum Durchbruch. Ekman unterschied sieben Grundemotionen, die sich aus der Mimik von Menschen ablesen lassen: Angst, Wut, Freude, Trauer, Ekel, Überraschung und Verachtung. Um die mimischen Ausdrücke dieser Emotionen, die so genannten Mikroexpressionen, beschreiben zu können, entwickelte er ein Codierschema, das er Facial Action Coding System (FACS) nannte (Ekman und Friesen 1978). Es beschreibt die Bewegungen der verschiedenen Gesichtsmuskeln beim

3.1 Evolutionsbiologische Ansätze

Ausdruck der Grundemotionen im Detail (ausführlich Kap. 4.1). Von diesen Überlegungen ausgehend stellen sich vor allem zwei Fragen: Drücken mehr oder weniger alle Menschen identische Emotionen mit identischer Mimik aus? Und erkennen mehr oder weniger alle Menschen den mimischen Ausdruck von Emotionen bei anderen richtig? Sollte beides der Fall sein, wäre dies ein starker Beleg für die Annahme, dass mimische Ausdrücke (auch) evolutionsbiologisch erklärbar sind.

Tatsächlich zeigen viele empirische Untersuchungen, dass Menschen über kulturelle Grenzen hinweg Grundemotionen auf dieselbe Art und Weise mimisch ausdrücken. Ebenso sind sie über kulturelle Grenzen hinweg relativ gut in der Lage, die Emotionen anderer Menschen zu erkennen (z. B. Ekman et al. 1974; Matsumoto 1992). Einen eindrucksvollen Beleg für diese Annahme liefern Studien, die die Mimik von Kleinkindern untersuchen, deren nonverbales Verhalten noch nicht erlernt sein kann. Sie zeigen beispielsweise, dass bereits Neugeborene mit einem Lächeln auf externe Reize reagieren (Sroufe 1984). Selbst Kinder, die blind geboren wurden, unterscheiden sich in ihrer Mimik nicht von gesunden Kindern, obwohl sie die Mimik anderer nicht durch Nachahmung gelernt haben können (Eibl-Eibesfeldt 1973). Für die evolutionsbiologische Erklärung nonverbalen Verhaltens sprechen zudem Studien, die zeigen, dass Menschen, die gebeten werden, Grundemotionen mimisch vorzuspielen, diese Emotionen anschließend tatsächlich erleben (Facial Feedback-Hypothese; Ekman et al. 1983). So lässt sich beispielsweise die eigene Stimmung vergleichsweise leicht dadurch verbessern, dass man einen Bleistift zwischen die Zähne nimmt, was in etwa dieselben Muskelbewegungen auslöst wie ein Lächeln (Strack et al. 1988).

Eine in diesem Zusammenhang ebenfalls relevante Frage ist, ob Menschen die Emotionen anderer sogar so gut erkennen können, dass sie in der Lage sind, echte von gespielten Emotionen zu unterscheiden. Mit Hilfe des FACS lässt sich beispielsweise ein echtes von einem falschen Lächeln dadurch unterscheiden, dass beim echten Lächeln unkontrollierbare Muskelbewegungen um die Augen herum entstehen, die sich bei einem falschen Lächeln nicht nachahmen lassen. Menschen können ein echtes prinzipiell von einem falschen Lächeln unterscheiden – aber vor allem dann, wenn sie beide im Vergleich sehen. Sollen sie ein einzelnes Lächeln ohne Vergleichsmaßstab beurteilen, fallen die Urteile allerdings kaum besser aus als rein zufällige Entscheidungen (Frank et al. 1993). In eine ähnliche Richtung weisen Studien zum Erkennen von Lügen. Auch hier weisen empirische Untersuchungen zwar prinzipiell auf eine ganze Reihe nonverbaler Indikatoren hin, die beim Erkennen von Lügen helfen können. Tatsächlich sind aber die wenigsten Menschen in der Lage, Lügen einigermaßen zuverlässig zu erkennen (siehe Kasten).

> **Lie to me: Lügen erkennen im Fernsehen und in der Realität**
> In der populären amerikanischen Fernsehserie *Lie to me* entlarvt der Psychologe Dr. Cal Lightman im Auftrag verschiedener Strafverfolgungsbehörden Lügner allein aufgrund ihrer Körpersprache und ihrer Mimik. Die Serie basiert auf den Erkenntnissen von Paul Ekman, einem der Pioniere der nonverbalen Kommunikationsforschung. Er begleitete die Serie wissenschaftlich, auch die Namensähnlichkeit zur Hauptfigur dürfte kein Zufall sein. Tatsächlich ist das Erkennen von Lügen aber ein ausgesprochen schwieriges Unterfangen, für das man im Idealfall verbale und nonverbale Signale heranziehen sollte. Wie Ekmans Untersuchungen zeigen, spiegeln sich Emotionen wie Furcht und Schuld, die beim Lügen entstehen, in der Mimik der Lügner wieder. Zudem kann man das Blickverhalten und die Körperhaltung als Indikatoren für die Beurteilung des Wahrheitsgehalts einer Aussage heranziehen. Ebenso relevante Indikatoren liefert allerdings das verbale Kommunikationsverhalten. So drücken sich Lügner deutlich knapper aus und erwähnen insbesondere weniger Details. Darüber hinaus sind ihre Schilderungen meist widerspruchsfreier und seltener von Berichtigungen unterbrochen (DePaulo et al. 2003). Insgesamt lassen sich Lügen allerdings ausgesprochen schlecht erkennen. In einer aufwendigen Meta-Analyse zeigen Bond und DePaulo (2006), dass Menschen in durchschnittlich nur 54 % der Fälle korrekt zwischen Wahrheit und Lüge trennen können. Dabei erkennen sie wahre Aussagen (61 %) deutlich häufiger richtig als Lügen (47 %). Laien und die meisten mit dem Erkennen von Lügen befassten Experten (z. B. Richter und Polizisten) liegen folglich nur ähnlich häufig richtig, wie es bei rein zufälligen Entscheidungen zu erwarten gewesen wäre. Alleine speziell geschulte Mitarbeiter des amerikanischen Geheimdienstes erreichen Aufdeckungsraten von rund 70 % (Ekman und O'Sullivan 1991).

Ähnlich wie die Wahrnehmung der Mimik lässt sich auch die Wahrnehmung *physischer Attraktivität* evolutionsbiologisch gut erklären. Wir haben bereits verdeutlicht, dass Schönheit keineswegs im Auge des Betrachters liegt, sondern von verschiedenen Menschen ausgesprochen ähnlich wahrgenommen wird (Attraktivitätskonsens). Man kann die physische Attraktivität eines Menschen deshalb, ähnlich wie sein Geschlecht oder sein Alter, als feststehendes Persönlichkeitsmerkmal betrachten, das selbst über kulturelle Grenzen hinweg weitgehend ähnlich wahrgenommen wird (z. B. Curran et al. 2001). Auch wenn die Befunde verschiedener Studien nicht ganz einheitlich ausfallen, lassen sich eine ganze Reihe

3.1 Evolutionsbiologische Ansätze

von körperlichen Merkmalen identifizieren, die dazu führen, dass eine Person als physisch attraktiv wahrgenommen wird: Ein erstes Kriterium für die physische Attraktivität von menschlichen Gesichtern ist erstaunlicherweise Durchschnittlichkeit. Legt man beispielsweise mit einem Computerprogramm verschiedene Gesichter übereinander (Morphing), wird dieses Durchschnittsgesicht als wesentlich attraktiver wahrgenommen als alle ursprünglichen Gesichter. Dies gilt selbst dann, wenn bereits die Ursprungsgesichter als überdurchschnittlich attraktiv eingeschätzt wurden. Zweitens werden Menschen mit symmetrischen Körperhälften eher als attraktiv eingeschätzt. Auch hier spielt insbesondere die Symmetrie der beiden Gesichtshälften eine Rolle (z. B. Grammer und Thornhill 1994). Drittens gilt – vor allem bei Frauen – das Verhältnis von Taillen- zu Hüft-Umfang (waist-to-hip ratio) als Attraktivitätsmerkmal. Dabei gelten auch über kulturelle Grenzen hinweg Frauen als attraktiv, deren Taillenumfang etwa 70% ihres Hüftumfangs beträgt – unabhängig vom absoluten Umfang von Taille und Hüfte (z. B. Furnham et al. 2001). Neben diesen drei besonders häufig untersuchten Merkmalen werden noch eine Reihe weiterer Kriterien für physische Attraktivität diskutiert, z. B. Größe, Augenabstand oder die Ähnlichkeit eines Gesichts mit dem so genannten Kindchenschema.

Betrachtet man diese Merkmale aus evolutionsbiologischer Sicht, lassen sie sich jeweils als Indikatoren für Gesundheit, Stärke und damit Fruchtbarkeit interpretieren. Große Menschen mit symmetrischem Körperbau und idealer Figur werden demnach als optimale Partner betrachtet, um gesunden Nachwuchs hervorzubringen und somit das Fortleben der eigenen Familie zu sichern. Dabei handelt es sich freilich nicht um eine bewusste Entscheidung. Vielmehr ist die Präferenz für Partner mit diesen Merkmalen fest im genetischen Code der Menschheit verankert und wird von Generation zu Generation weiter vererbt. In einem späteren Kap. (6.1) werden wir zeigen, dass der Einfluss physischer Attraktivität nicht nur auf die Partnerwahl beschränkt bleibt, sondern auch im Bereich der politischen Kommunikation von erheblicher Bedeutung ist. Allerdings werden gerade am Beispiel der physischen Attraktivität auch die Grenzen der Erklärungskraft evolutionsbiologischer Ansätze deutlich, weil man das beschriebene Schönheitsideal ebenso gut auf gesellschaftliche Konventionen, die z. B. von den Massenmedien transportiert werden, zurückführen kann. Demnach erzeugt oder verstärkt die Tatsache, dass in der Werbung und in Spielfilmen überwiegend Menschen zu sehen sind, die den oben beschriebenen Merkmalen entsprechen, den Eindruck, dass es sich dabei um Merkmale physischer Attraktivität handelt. Wir wollen uns deshalb im nächsten Kapitel auch mit soziokulturellen Ansätzen zur Erklärung des nonverbalen Verhaltens befassen.

3.2 Soziokulturelle Ansätze

Soziokulturelle Ansätze beschreiben den Einfluss gesellschaftlicher Rahmenbedingungen auf das nonverbale Kommunikationsverhalten. Dem liegt die Annahme zugrunde, dass das nonverbale Verhalten nicht (vollständig) angeboren ist, sondern (teilweise) erst im Verlauf des Lebens durch den Kontakt mit gesellschaftlichen Sozialisationsinstanzen gelernt wird. Solche Sozialisationsinstanzen sind z. B. Eltern und Freunde, Lehrer, die Massenmedien oder die Politik. Um all diese Faktoren zu bündeln, beschäftigt sich die Forschung zum Einfluss der Gesellschaft auf die nonverbale Kommunikation deshalb vor allem mit der Frage, ob sich das nonverbale Kommunikationsverhalten in unterschiedlichen Kulturen unterscheidet. Wenn Menschen, die in unterschiedlichen Kulturen aufwachsen, nonverbal unterschiedlich kommunizieren, spricht dies eindeutig gegen eine rein evolutionsbiologische Erklärung und für den Einfluss der in unterschiedlichen Kulturen unterschiedlich ausgeprägten gesellschaftlichen Faktoren. Wir haben im vorangegangenen Kapitel bereits deutlich gemacht, dass Mimik und physische Attraktivität über kulturelle Grenzen hinweg ähnlich wahrgenommen werden. Wir wollen uns deshalb hier mit zwei anderen Elementen nonverbaler Kommunikation beschäftigen: der Gestik und der vokalen Kommunikation.

Die menschliche *Gestik* lässt sich auf viele unterschiedliche Arten systematisieren (im Überblick Burgoon et al. 2010, S. 118 ff.). Für unsere Zwecke reicht hier die vergleichsweise einfache funktionale Unterteilung in Gesten, die helfen ein Gespräch zu steuern (Regulatoren, z. B. Blickkontakt), Gesten, die die verbale Kommunikation unterstreichen (Illustratoren, z. B. rhythmische Handbewegungen beim Sprechen), Gesten, die Ausdruck von Emotionen sind (z. B. Zittern vor Aufregung) und Gesten, die verbale Kommunikation ersetzen (Symbole, z. B. das aus Mittel- und Zeigefinger gebildete V als Siegeszeichen). Studien, die Unterschiede in der Verwendung von Gesten in unterschiedlichen Kulturen finden, befassen sich nahezu ausschließlich mit Symbolen. Sie zeigen, dass viele Symbole, die in der westlichen Welt eine klar definierte Bedeutung haben, in anderen Kulturen ganz anders verwendet werden (z. B. Jandt 1995). Dies kann zu unangenehmen Missverständnissen führen, wie ein häufig zitiertes Beispiel aus dem Bereich der politischen Kommunikation zeigt: Als der amerikanische Präsident Richard Nixon in den 1970er Jahren auf einem Südamerika-Besuch aus dem Flugzeug stieg, begrüßte er die Anwesenden, indem er mit Daumen und Zeigefinger einen Kreis formte – in den USA als OK-Geste bekannt, in südamerikanischen Ländern dagegen eine Beleidigung. Ähnlich wie sich in verschiedenen Kulturen unterschiedliche Sprachen herausgebildet haben, haben sich folglich auch unterschiedliche Gesten herausgebildet, die Sprache ersetzen sollen. Dies spricht eindeutig dafür, dass die Verwendung von Symbolen im Laufe des Lebens gelernt wird. Daraus kann man

3.2 Soziokulturelle Ansätze

jedoch nicht den Schluss ziehen, dass die Verwendung von Gesten generell vor allem soziokulturell erklärbar ist. Regulatoren, Illustratoren und Gesten, die Ausdruck von Emotionen sind, werden vermutlich weitgehend universell verwendet, obwohl dies bislang nur selten untersucht wurde. Unterschiede zeigen sich hier weniger in ihrer Bedeutung als vielmehr darin, dass in manchen Kulturen generell häufiger gestikuliert wird als in anderen (Efron 1972).

Ähnlich wie die Mimik und Teile der Gestik kann man auch viele Elemente *vokaler Kommunikation* als Indikatoren für die Emotionen von Menschen betrachten. So drücken sich z. B. Wut, Angst und Freude eher in einer schneller Sprechgeschwindigkeit und einer lauten Stimme, Trauer aber in langsamer Sprechweise und leiser Stimme aus. Menschen sind deshalb auch relativ gut in der Lage, die Emotionen anderer aus deren Sprechweise abzulesen. Dies gelingt wiederum auch über kulturelle Grenzen hinweg – wenn auch etwas weniger gut als innerhalb verschiedener Kulturen (Juslin und Laukka 2003). Während diese Befunde eher für eine evolutionsbiologische Erklärung vokaler Kommunikation sprechen, findet man Hinweise auf den Einfluss soziokultureller Faktoren vor allem, wenn man unterschiedliche Kulturen im Hinblick auf die Verwendung verschiedener Elemente vokaler Kommunikation vergleicht. So zeigen einige Untersuchungen, dass Araber deutlich lauter sprechen als Angehörige der meisten anderen Kulturen (Almaney und Alwan 1982). Dies kann man vermutlich damit erklären, dass lautes Sprechen in der arabischen Kultur als positiv konnotiertes Zeichen von Stärke wahrgenommen wird. In anderen Kulturen wird es dagegen oft als Aggressivität interpretiert. Dass sich Menschen an das nonverbale Kommunikationsverhalten ihrer Umgebung anpassen, kann man mit Hilfe der Communication Accomodation-Theorie (Giles 1973) erklären. Studien hierzu zeigen beispielsweise, dass die Moderatoren von politischen Talkshows ihre Sprechweise an die von statushöheren Gästen wie z. B. Spitzenpolitikern anpassen, während statusniedrigere Gäste ihre Sprechweise eher an die des Moderators angleichen (Gregory und Webster 1996).

Fasst man die Erkenntnisse der letzten beiden Kapitel zusammen, lässt sich folglich festhalten, dass das nonverbale Verhalten von Menschen zu großen Teilen ein Ausdruck ihrer Emotionen ist. Für eine evolutionsbiologische Erklärung des nonverbalen Verhaltens spricht insbesondere, dass Menschen auch über kulturelle Grenzen hinweg Emotionen aus dem nonverbalen Verhalten anderer relativ gut ablesen können. Darüber hinaus zeigen sich in Bezug auf einige Elemente nonverbalen Verhaltens aber auch interkulturelle Unterschiede. Dies spricht dafür, dass das nonverbale Verhaltens zum Teil erst im Verlauf des Lebens durch Kontakt mit anderen Menschen erlernt wird. Evolutionsbiologische und soziokulturelle Ansätze schließen sich deshalb nicht aus, sondern tragen beide ihren Teil zur Erklärung des nonverbalen Verhaltens bei.

4 Nonverbale Kommunikation in den Massenmedien

Zusammenfassung

In diesem Kapitel diskutieren wir zunächst unterschiedliche Methoden zur Analyse nonverbaler Medienkommunikation. Dabei unterscheiden wir grob zwischen psychologischen Methoden, die an einzelnen Kommunikationselementen ansetzen, und kommunikationswissenschaftlichen Methoden, die versuchen, nonverbale Medieninhalte umfassend zu untersuchen. Danach beschäftigen wir uns mit der Frage, wie sich der Umfang und die Inhalte nonverbaler politischer Kommunikation in den vergangenen Jahrzehnten entwickelt haben. Dabei interessiert uns einerseits, inwieweit politische Akteure selbst zunehmend auf eine Visualisierung der Politik setzen. Andererseits systematisieren wir die Befunde zur nonverbalen politischen Kommunikation in den Massenmedien.

4.1 Methoden zur Analyse nonverbaler Medienkommunikation

Bevor wir uns mit der Frage beschäftigen, welche Rolle nonverbale Kommunikation in der Politik spielt und ob sich dies in den vergangenen Jahrzehnten verändert hat, wollen wir zunächst diskutieren, welche Möglichkeiten es gibt, dies zu untersuchen (für eine umfassende Darstellung siehe z. B. auch die Beiträge in Petersen und Schwender 2011). Dabei unterscheiden wir zunächst psychologische Methoden, mit deren Hilfe einzelne Elemente nonverbaler Kommunikation sehr detailliert untersucht werden können, von kommunikationswissenschaftlichen Methoden, die nonverbale Medienkommunikation umfassend abbilden wollen. Schließlich werden wir diskutieren, wie man beide Ansätze sinnvoll miteinander verbinden kann.

© Springer Fachmedien Wiesbaden 2016
M. Maurer, *Nonverbale politische Kommunikation,* Grundwissen Politische Kommunikation, DOI 10.1007/978-3-658-11661-3_4

Psychologische Methoden zur Analyse nonverbaler Kommunikation

Wir haben bereits verdeutlicht, dass nonverbale Kommunikation, wie wir sie hier verstehen wollen, zunächst in der Psychologie vor allem im Kontext interpersonaler Alltagskommunikation untersucht wurde. Dementsprechend wurden auch viele Methoden zur Analyse nonverbaler Kommunikation in diesem Zusammenhang entwickelt. Dabei geht es in der Regel darum, einzelne Elemente nonverbaler Kommunikation sehr detailliert zu erfassen. Wie in den bisherigen Kapiteln, wollen wir auch hier die für unsere Frage besonders relevanten Elemente Mimik, Gestik, physische Attraktivität und vokale Kommunikation betrachten.

Die menschliche *Mimik* lässt sich auf drei unterschiedliche Arten untersuchen: durch manuelle Codierung, automatisierte Codierung mittels Computerprogrammen und durch die Messung von Muskelbewegungen mittels Elektromyographie (EMG). Das bekannteste, wenn auch bei weitem nicht einzige Schema zur manuellen Codierung der menschlichen Mimik ist das Facial Action Coding System (FACS), das in den 1970er Jahren entwickelt (Ekman und Friesen 1978) und seitdem mehrmals überarbeitet wurde. Erfasst werden darin nicht direkt einzelne Muskelbewegungen, sondern 44 so genannte Bewegungseinheiten (Action Units) sowie die Stärke ihrer Ausprägung. Beispiele für Bewegungseinheiten sind Naserümpfen, Öffnen der Lippen, Zwinkern oder Heben der Augenbraue innen oder außen (Abb. 4.1). Aus der Kombination unterschiedlicher Bewegungseinheiten ergeben sich mimische Ausdrücke, an denen sich die Emotionen von Menschen valide ablesen lassen. So zeigt sich echte Fröhlichkeit beispielsweise durch eine Kombination der Bewegungseinheiten 6 (Zusammenziehen des äußeren Teils des Ringmuskels um die Augen) und 12 (Anheben der Mundwinkel), gespielte Fröhlichkeit dagegen nur an der Bewegungseinheit 12, weil die Bewegungseinheit 6 nicht bewusst ausgeführt werden kann. Die Analysen werden traditionell von geschulten menschlichen Codierern durchgeführt, die die Bewegungen in einem Codierschema protokollieren. Seit Beginn der 2000er Jahre haben sich aber auch mehrere, zum Teil an das FACS angelehnte Verfahren entwickelt, die die menschliche Mimik automatisiert erfassen. Basis sind dann Videoaufnahmen des nonverbalen Verhaltens, die von Computerprogrammen verarbeitet und codiert werden. Die Übereinstimmungen zwischen diesen Codierungen und manuellen FACS-Codierungen sind relativ hoch (im Überblick Cohn und Ekman 2005). Schließlich lassen sich einzelne Muskelbewegungen auch direkt durch Elektromyographie untersuchen. Bei einem EMG werden den Versuchspersonen Elektroden an die relevanten Muskeln angelegt, die deren Bewegungen zweifelsfrei messen. Der Vorteil dieser Art der Messung besteht in ihrer Unmittelbarkeit, die dazu führt, dass

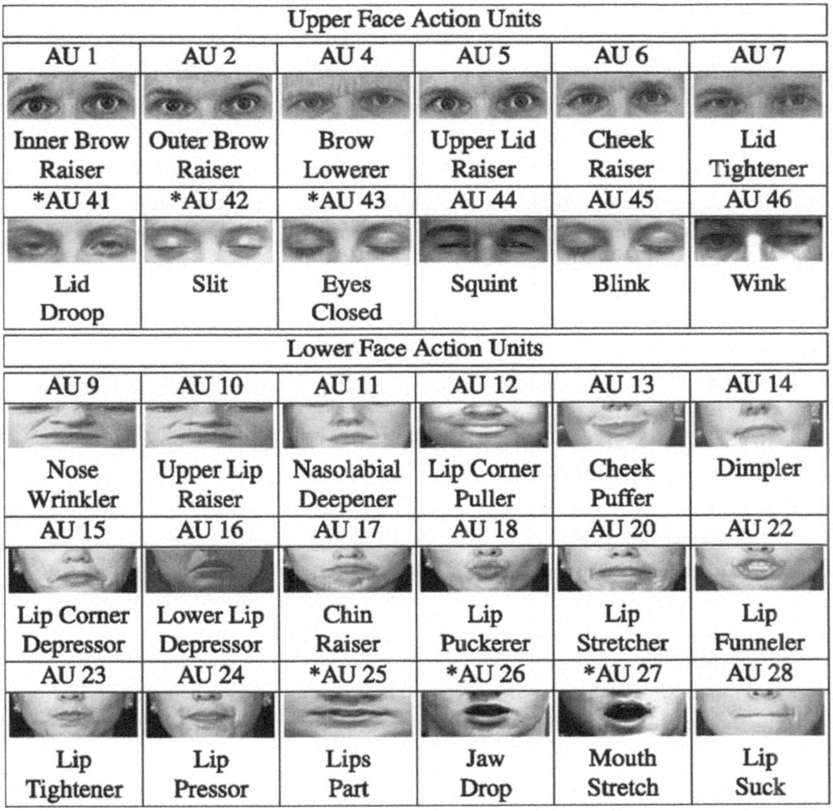

4.1 Methoden zur Analyse nonverbaler Medienkommunikation

Upper Face Action Units					
AU 1	AU 2	AU 4	AU 5	AU 6	AU 7
Inner Brow Raiser	Outer Brow Raiser	Brow Lowerer	Upper Lid Raiser	Cheek Raiser	Lid Tightener
*AU 41	*AU 42	*AU 43	AU 44	AU 45	AU 46
Lid Droop	Slit	Eyes Closed	Squint	Blink	Wink
Lower Face Action Units					
AU 9	AU 10	AU 11	AU 12	AU 13	AU 14
Nose Wrinkler	Upper Lip Raiser	Nasolabial Deepener	Lip Corner Puller	Cheek Puffer	Dimpler
AU 15	AU 16	AU 17	AU 18	AU 20	AU 22
Lip Corner Depressor	Lower Lip Depressor	Chin Raiser	Lip Puckerer	Lip Stretcher	Lip Funneler
AU 23	AU 24	*AU 25	*AU 26	*AU 27	AU 28
Lip Tightener	Lip Pressor	Lips Part	Jaw Drop	Mouth Stretch	Lip Suck

Abb. 4.1 Bewegungseinheiten im Facial Action Coding System (FACS). (Quelle: Kanade et al. 2000)

auch kleine Bewegungen, die mit Hilfe des FACS nicht erkannt werden, messbar sind. Allerdings wird die externe Validität von EMG-Messungen erheblich eingeschränkt, wenn den Versuchspersonen so viele Elektroden im Gesicht angelegt werden, dass dies ihre natürliche Mimik einschränkt. Deshalb beschränken sich die meisten Untersuchungen auf höchstens drei besonders zentrale Muskeln, obwohl – wie wir gesehen haben – deutlich mehr an der menschlichen Mimik beteiligt sind (Blascovich et al. 2011).

Ähnlich wie die Mimik kann auch die menschliche *Gestik* durch manuelle und automatisierte Codierung erfasst werden. Das bekannteste Schema zur manuellen Codierung ist das von Siegried Frey seit den 1970er Jahren entwickelte *Berner*

System (z. B. Frey 1999). Ähnlich wie dem FACS liegt auch dem Berner System eine ausgesprochen detaillierte Messung zugrunde. Dabei wird die menschliche Körperhaltung in 104 Dimensionen von Kopf bis Fuß unterteilt. In der so genannten räumlichen Codierung werden die Positionen der Dimensionen detailliert auf drei Achsen (horizontal, vertikal und in die Tiefe) erfasst. Auf diese Weise lassen sich z. B. alleine bis zu 15 verschiedene Kopfhaltungen unterscheiden, die mit Zahlencodes versehen werden, die bei der Codierung in vorbereitete Bögen eingetragen werden. Die Codierung wird in bestimmten zeitlichen Abständen, meist jede halbe Sekunde, wiederholt. Auf diese Weise kann man Bewegungsabläufe nachzeichnen, die in den Studien von Frey und Kollegen unter anderem dazu verwendet wurden, die realen Bewegungsabläufe von Politikern mit Computersimulationen nachzustellen (ausführlich Kap. 6.2). Andere manuelle Codiersysteme gehen ähnlich vor, unterscheiden aber zum Teil deutlich weniger Dimensionen (im Überblick Harrigan 2005). Seit den 1990er Jahren können Gestik-Analysen auf Basis des Berner Systems mit Hilfe der Software INVAS (interaktives Videoanalysesystem) und deren Weiterentwicklungen auch computergestützt durchgeführt werden. Diese erlauben noch detailliertere Messungen als manuelle Codierungen, weil z. B. die exakten Winkel der Kopfhaltung gemessen werden können (z. B. Bente et al. 2008). Auch einfachere Gestik-Analysen können mittlerweile automatisiert durchgeführt werden. So lässt sich zum Beispiel mithilfe einer speziellen Software die Position unterschiedlicher Körperteile einer dargestellten Person (z. B. der Abstand der beiden Hände) auf einem Computerbild lokalisieren. Fertigt man dann aus einem Video sekündliche Screenshots an und reiht sie aneinander, lassen sich Veränderungen der Positionen im Zeitverlauf feststellen (z. B. Dumitrescu 2010).

Wir haben bereits deutlich gemacht, dass sich *physische Attraktivität* an einigen objektiv erkennbaren Körpermerkmalen festmachen lässt, z. B. der Symmetrie des Gesichts, der Körpergröße und dem Verhältnis des Umfangs von Hüfte und Taille (Kap. 3.1). Sie könnte deshalb theoretisch ähnlich detailliert gemessen werden wie Mimik oder Gestik, indem die entsprechenden Kennwerte für jede zu beurteilende Person ermittelt werden. In der Praxis ist dies aber ausgesprochen unüblich, weil aufgrund des Attraktivitätskonsenses auch ein einfaches Rating-Verfahren zu validen Messungen führt. Weil die meisten Menschen ähnliche Vorstellungen davon haben, ob andere physisch attraktiv sind, reichen die Urteile von rund 25 mehr oder weniger willkürlich ausgewählten Versuchspersonen aus, um die physische Attraktivität einer Person zu messen. Dabei werden den Versuchspersonen in der Regel für wenige Sekunden Porträtaufnahmen der zu Beurteilenden z. B. auf einem Computer-Monitor gezeigt. Die Rater schätzen die Attraktivität der dargestellten Personen spontan auf einer fünf- oder siebenstufigen Skala von „überhaupt nicht attraktiv" bis „sehr attraktiv" ein. Verschiedene Untersuchungen belegen, dass die

4.1 Methoden zur Analyse nonverbaler Medienkommunikation

Attraktivitäts-Ratings von 25 Versuchspersonen ausgesprochen ähnlich ausfallen und der daraus resultierende Mittelwert weitgehend dem entspricht, den man erhält, wenn man die Attraktivität einer Person von deutlich mehr als 25 Ratern einschätzen lässt (z. B. Henss 1987).

In Bezug auf die *vokale Kommunikation* wollen wir uns hier auf die drei Elemente beschränken, die im Bereich der politischen Kommunikation am häufigsten untersucht wurden: Sprechgeschwindigkeit, Stimmfrequenz und Sprechlautstärke (zu einer ausführlichen Darstellung vgl. Juslin und Scherer 2005). Für alle drei Kommunikationselemente existieren einfache objektive Messungen: Die Sprechgeschwindigkeit lässt sich z. B. in Silben oder Wörtern pro Minute erfassen, die Stimmfrequenz wird in Hertz und die Lautstärke in Dezibel gemessen. Zur Messung der Sprechgeschwindigkeit werden in der Regel längere Texte eines Redners analysiert, aus denen dann seine mittlere Sprechgeschwindigkeit berechnet werden kann. Stimmfrequenz und Lautstärke lassen sich mit Hilfe von phonetischen Computerprogrammen erfassen, die je nach gewünschter Genauigkeit sprachliche Modulationen auch auf der Ebene von Hundertstelsekunden ausweisen. Ein Beispiel für ein solches Programm ist PRAAT, das auch für Laien einfach zu bedienen und im Internet frei verfügbar ist.

Kommunikationswissenschaftliche Methoden zur Analyse von Medieninhalten

Während sich psychologische Methoden zur Analyse nonverbaler Kommunikation mit einzelnen Kommunikationselementen befassen, untersuchen kommunikationswissenschaftliche Ansätze Medieninhalte umfassender. Wir wollen in diesem Abschnitt zunächst drei unterschiedliche kommunikationswissenschaftliche Ansätze zur Analyse nonverbaler Medienkommunikation diskutieren und anschließend für eine Integration der Ansätze plädieren. Dabei handelt es sich um die visuelle Inhaltsanalyse, das visuelle Framing und die Rezeptionsanalyse.

Die in der Kommunikationswissenschaft am häufigsten verwendete Methode zur Analyse von Mitteilungen ist die quantitative *Inhaltsanalyse*, definiert als „eine empirische Methode zur systematischen, intersubjektiv nachvollziehbaren Beschreibung inhaltlicher und formaler Merkmale von Mitteilungen, (häufig mit dem Ziel einer darauf gestützten interpretativen Inferenz)" (Früh 2007, S. 27). Dabei erfassen geschulte Codierer mehrere zuvor als relevant definierte Merkmale (Kategorien), die mit ausführlichen Messanweisungen im so genannten Codebuch zusammengefasst werden. Dabei kann man zwischen formalen (z. B. das Medium, in dem ein Beitrag erschienen ist, die Platzierung eines Beitrags, sein Erscheinungsdatum usw.) und inhaltlichen (z. B. das Thema eines Beitrags, der

Grad der Personalisierung, die Tendenz der Darstellung eines Politikers usw.) Kategorien unterscheiden. Ziel ist eine möglichst reliable und valide Beschreibung großer Mengen von Mitteilungen, die die Generalisierung von der untersuchten Stichprobe auf eine vorher zu bestimmende Grundgesamtheit ermöglicht. Neben der Beschreibung der so gewonnen Daten wollen nahezu alle Inhaltsanalysen darüber hinaus Schlussfolgerungen (Inferenzen) auf die soziale Realität ziehen. Dabei kann es sich um Schlussfolgerungen auf die Entstehungsbedingungen eines Medienbeitrags (diagnostischer Ansatz, z. B. Einstellungen von Journalisten) oder um Schlussfolgerungen auf die Wirkungen eines Medienbeitrags (prognostischer Ansatz, z. B. Wirkungen auf die Einstellungen der Rezipienten) handeln.

Die quantitative Inhaltanalyse ist ein Verfahren, das ursprünglich zur Analyse verbaler Kommunikation entwickelt wurde. Die zunehmende Bedeutung von Bildern in den Massenmedien hat erst in jüngster Zeit zu systematischen Überlegungen zur visuellen Inhaltsanalyse geführt. Dies ist vor allem deshalb erforderlich, weil Bilder einer anderen Logik folgen als Texte und deshalb viele bildkonstituierende Elemente nur schwer reliabel codierbar sind. Eine überzeugende Systematisierung der *visuellen Inhaltsanalyse* haben zuletzt Geise und Rössler (2012) vorgelegt. Sie definieren ein Bild dabei als „intentionale, höchstens zweidimensionale, medial gebundene Visualisierung oder visuelle Repräsentation von Bedeutungsinhalten, wobei diese nicht im Vorfeld fixiert sein müssen und Bezug zu situativen, zeitlichen, räumlichen, individuellen und sozialen Kontexten haben" (Geise 2011, S. 63). Für die Inhaltsanalyse von Bildern schlagen sie zunächst drei Analyseebenen vor: die Oberflächen-, die Binnen- und die Tiefenstruktur eines Bildes. Sie orientieren sich dabei weitgehend an den drei Schritten der ikonografischen Bildanalyse (Panofsky 1979) und schlagen so eine Brücke zum kulturwissenschaftlichen Verständnis visueller Kommunikation.

In Bezug auf die *Oberflächenstruktur* eines Bildes lässt sich zunächst die Darstellungsebene erfassen. Hier geht es vor allem um die journalistischen Aufnahme- und Editionstechniken, die im Modell der Darstellungseffekte (Kap. 2.2) für die Abweichungen des realen vom medial dargestellten Verhalten von Politikern verantwortlich sind, also z. B. die Größe des Bildes, die Kameraperspektive, die Einstellungsgröße usw. Auf der Objektebene wird erfasst, welche Objekte auf dem Bild zu sehen sind. Auf der Konfigurationsebene geht es darum, wie die Objekte auf dem Bild positioniert sind. Die auf der Ebene der Oberflächenstruktur zu erfassenden Merkmale lassen sich vergleichsweise gut reliabel codieren, weil dafür kaum eine Interpretationsleistung erforderlich ist. In Bezug auf die *Binnenstruktur* eines Bildes lässt sich zunächst die Symbolebene erfassen. Hier werden tradierte und sozialisierte symbolische und stereotypische Bildinhalte codiert, z. B. Flaggen oder symbolische Gesten. Auf der Typenebene werden bestimmte Bildtypen identifiziert. Diese Idee ist der ikonografischen Analyse von Bildern in der Kunstgeschichte entlehnt, die davon ausgeht, dass bestimmte Muster von Bildern immer wieder auftreten. In Bezug auf die politische Kommunikation kann es sich dabei z. B. um den Bildtyp „Porträt des Staatsoberhaupts" oder „Händeschütteln beim Staatsempfang" handeln. Schließlich kann man auf der Tendenzebene wertende Darstellungen erfassen, z. B. ob das Bild einen Politiker eher positiv oder eher negativ darstellt. Die auf der Ebene der Binnenstruktur zu erfassenden Merkmale sind weniger eindeutig erkennbar und erfordern deshalb ausführliche Codieranweisungen, um eine möglichst reliable Codierung zu gewährleisten. Die letzte zu codierende Ebene ist die *Tiefenstruktur* des Bildes. Hier sollen implizite Bedeutungskonstruktionen identifiziert werden, was aus Sicht der Autoren im Rahmen einer quantitativen Inhaltsanalyse allerdings nicht geleistet werden kann, weil die Bedeutungskonstruktionen subjektiv ausfallen. Sie schlagen deshalb vor, die quantitativen Analysen hier durch qualitative oder hermeneutische zu ergänzen. Letztlich handelt es sich bei der Analyse der Tiefenstruktur eines Bildes aber um interpretative Inferenzen, die aus der Interaktion des Bildinhalts mit den individuellen Vorstellungen der Codierer resultieren und folglich auch eher als Wirkungen denn als Bildmerkmale betrachtet werden können. Solche Inferenzen sind, wie oben dargestellt, auch bei der Analyse verbaler Kommunikation relevant, stehen dort aber außerhalb der eigentlichen Inhaltsanalyse. Man kann folglich auch argumentieren, dass sie generell nicht mit der Methode der Inhaltsanalyse alleine gezogen werden können und die Inhaltsanalyse hier um andere Methoden wie z. B. die Befragung ergänzt werden muss (z. B. Maurer und Reinemann 2006, S. 11 ff.).

Der *Framing*-Ansatz gehört zu den populärsten kommunikationswissenschaftlichen Theorien der letzten 20 Jahre. Abgeleitet aus allgemeineren psychologischen Überlegungen lassen sich drei Aspekte des Framing-Konzepts in der Kommunikationswissenschaft unterscheiden: a) journalistische Frames: hier geht es um Frames in den Köpfen der Journalisten und die Frage, wie sie sich auf die Berichterstattung auswirken; b) Medienframes: hier geht es um die Frames in der Medienberichterstattung und c) Rezipientenframes: hier geht es um die Frames in den Köpfen der Rezipienten und wie sie entstehen (z. B. Scheufele und Scheufele 2010). Für unsere Fragestellung sind zunächst nur die Medienframes relevant. Das Framing von Medieninhalten lässt sich definieren als ein Prozess, bei dem einzelne Realitätsausschnitte so hervorgehoben werden, dass den Rezipienten bestimmte Problemdefinitionen, kausale Interpretationen, moralische Bewertungen oder Handlungsempfehlungen nahegelegt werden (Entman 1993, S. 52). Im Unterschied zu traditionellen Inhaltsanalysen geht es hier folglich nicht darum, Medieninhalte möglichst detailliert anhand vieler Dimensionen zu erfassen. Vielmehr soll die generelle Perspektive erhoben werden, aus der ein Medienbeitrag verfasst ist. Framing-Analysen können methodisch auf sehr unterschiedliche Arten durchgeführt werden. In der einfachsten Form wird das Auftreten vorab festgelegter Frames unmittelbar für den gesamten Medienbeitrag erfasst (holistische Codierung). In der komplexesten Variante werden zunächst viele Berichterstattungsmerkmale (Frame-Elemente) einzeln erfasst und im Nachhinein mit Hilfe multivariater Analyseverfahren zu Frames zusammengefasst.

Auch der Framing-Ansatz wurde ursprünglich zur Analyse verbaler Kommunikation entwickelt und in den letzten Jahren auf visuelle Kommunikation übertragen (im Überblick die Beiträge in Geise und Lobinger 2013). *Visuelles Framing* kann man in Anlehnung an Entmans allgemeine Definition deshalb als einen Prozess bezeichnen, bei dem in einem kommunikativen Kontext bestimmte Aspekte der Realität durch Selektion oder visuelle Akzentuierung so hervorgehoben werden, dass sie bestimmte Interpretationsmuster und/oder Handlungsanweisungen nahelegen (Coleman 2010, S. 237). Visuelle Informationen eignen sich auch deshalb gut für Framing-Analysen, weil man davon ausgehen kann, dass sie von den Rezipienten schnell und im Ganzen wahrgenommen und verarbeitet werden (Messaris und Abraham 2001). Dementsprechend analysieren visuelle Framing-Analysen Medieninhalte bislang ausschließlich mit vorgegebenen Frames, die unmittelbar anhand des Bildes codiert werden. Diese Vorgehensweise lässt sich gut anhand einer Frame-Analyse der Fernsehdarstellung der Kandidaten in den amerikanischen Präsidentschaftswahlkämpfen 1992 bis 2004 erläutern (Grabe und Bucy 2009). Statt die Gestik und Mimik der Kandidaten oder den Bildhintergrund im Detail zu erfassen, unterscheiden die Autoren grob drei visuelle Frames: Der ideale Kandidat, der populistische Wahlkämpfer und der sichere Verlierer. Bei der Darstellung als idealer Kandidat sind beispielsweise im Hintergrund patriotische Symbole zu sehen, der Kandidat trägt einen Anzug, wird in Gegenwart von Kindern gezeigt, zeigt selbst eine allgemein optimistische Gestik oder ist in der Interaktion mit anderen zu sehen. Eine Darstellung als populistischer Wahlkämpfer wird codiert, wenn der Kandidat in Gegenwart von Prominenten, großen Menschenmengen oder in Freizeitkleidung zu sehen ist. Der sichere Verlierer ist daran erkennbar, dass er in Gegenwart von kleinen oder Ablehnung zeigenden Menschengruppen, in ungünstigen Situation (Stolpern, Krankheit) oder mit resignierender, verärgerter oder aggressiver Gestik gezeigt wird (Abb. 4.2). Im Unterschied zu psychologischen Verfahren zur Erfassung einzelner Kommunikationselemente und zu detaillierten Inhaltsanalysen wird hier folglich nicht erfasst, was genau auf einem Bild zu sehen ist. Entscheidend ist vielmehr, welchem vorgegeben Muster die Darstellung am ehesten gleicht. Alles in allem wird das Konzept des visuellen Framings aber bislang noch sehr heterogen verwendet. So unterscheiden andere Studien positive und negative Darstellungen anhand von fünf Dimensionen, z. B. Armhaltung (positiv: Arm mindestens auf Schulterhöhe; negativ: darunter), Handhaltung (positiv:

4.1 Methoden zur Analyse nonverbaler Medienkommunikation

Der ideale Kandidat   Der populistische Wahlkämpfer   Der sichere Verlierer

Foto: picture alliance (www.welt.de)   Foto: Peter Thiele (www.dtoday.de)   Foto: picture alliance (www.cicero.de)

Abb. 4.2 Visuelle Frames in der Politikerdarstellung

gestikulierend; negativ: in Ruhe) oder Blickrichtung (positiv: Blick in die Kamera oder auf eine andere Person; negativ: andere Blickrichtung) (Coleman und Banning 2006) oder auch anhand einer einzigen Dimension (Plus-Gesicht: erhobener Kopf und vorgestrecktes Kinn; Minus-Gesicht: gesenkter Kopf und niedergeschlagener Blick) (Petersen und Jandura 2004).

Rezeptionsanalysen sind ganz allgemein Untersuchungen, die sich mit der Frage beschäftigen, wie Kunstwerke oder Medieninhalte von den Rezipienten wahrgenommen (rezipiert) werden. Solche Untersuchungen werden in unterschiedlichen Wissenschaftsdisziplinen auf ganz unterschiedliche Arten durchgeführt. Uns interessiert hier nur eine spezielle Form der Rezeptionsanalyse, die Kepplinger, Brosius und Dahlem (1994) in einer Studie zur Berichterstattung über die beiden Kanzlerkandidaten im Bundestagswahlkampf 1990 entwickelt haben und die auch in späteren Untersuchungen in modifizierter Form verwendet wurde (z. B. Maurer und Kepplinger 2003; Kepplinger 2010). In eine klassische Inhaltsanalyse integriert sollen die Codierer hier eine Reihe von spontanen Einschätzungen vornehmen, die nicht durch detaillierte Codieranweisungen gestützt sind. Dabei geht es im ersten Schritt darum, für eine Vielzahl einzelner Eigenschaftsdimensionen auf fünfstufigen Rating-Skalen einzuschätzen, welchen Eindruck ein Medienbeitrag von einem Politiker vermittelt. Die vorgegebenen Eigenschaftsdimensionen lassen sich in Persönlichkeitseigenschaften („ist sympathisch", „ist vertrauenswürdig", „ist unsicher" usw.) und Sachkompetenzen („kann die Wirtschaft ankurbeln", „kann die Arbeitslosigkeit senken", „kann die Renten sicher" usw.) unterteilen. Im zweiten Schritt sollen die Rater dann entscheiden, ob ihre Einschätzung eher auf verbalen oder eher auf visuellen Eindrücken basiert. Auch dies wird mit einer fünfstufigen Ratingskala erfasst. Kombiniert man beide Messungen, lassen sich folglich z. B. Aussagen darüber treffen, welche Eigenschaften von Politikern von den Massenmedien visuell besonders häufig vermittelt werden. Die Methode weist

Elemente der Inhaltsanalyse auf, weil erfasst werden soll, welchen Eindruck der Beitrag vermittelt. Dennoch unterscheidet sich das Verfahren von traditionellen Inhaltsanalysen, weil anstelle von aufwändig definierten Darstellungsmerkmalen spontane Eindrücke der Rater gemessen werden. Die direkte Erfassung der dargestellten Eigenschaften erfordert folglich im Grunde bereits einen Inferenzschluss, der über die klassische Inhaltsanalyse hinausgeht.

Betrachtet man die in den vergangenen beiden Kapiteln diskutierten Methoden zur Analyse nonverbaler Medienkommunikation, wird deutlich, dass es sich nur vordergründig um konkurrierende Analyseverfahren handelt. Tatsächlich lassen sich sowohl psychologische als auch kommunikationswissenschaftliche Analyseverfahren mehr oder weniger problemlos unter das Dach der visuellen Inhaltsanalyse integrieren. Dabei kann man detaillierte Analysen von Mimik und Gestik anhand des FACS oder des Berner Systems ebenso der Binnenstruktur eines Bildes zuordnen wie holistische Codierungen von Mimik und Gestik anhand von Frames. Ob Mimik und Gestik detailliert oder holistisch erfasst werden sollen, muss im Einzelfall anhand von forschungsökonomischen und inhaltlichen Überlegungen entschieden werden. Aus forschungsökonomischer Perspektive ist eine detaillierte Erfassung von 44 mimischen Bewegungseinheiten oder 104 Bewegungsdimensionen des Körpers vermutlich nur in Ausnahmefällen möglich. Aus inhaltlicher Sicht ist eine möglichst detaillierte Erfassung des nonverbalen Verhaltens zwar genauer und deshalb zunächst wünschenswert. Allerdings muss man auch konstatieren, dass sie vermutlich wenig mit der Wahrnehmung von Medieninhalten durch die Rezipienten korrespondiert. Wie wir später noch zeigen werden (Kap. 5) wird das nonverbale Verhalten in der Regel so schnell und oberflächlich wahrgenommen, dass die codierten Details den Rezipienten größtenteils entgehen dürften. Zumindest wenn Inhaltsanalysen nonverbaler Kommunikation mit dem Ziel durchgeführt werden, daraus auf die Wirkungen bei den Rezipienten zu schließen, bietet sich folglich eher eine holistische Codierung an. Schließlich lassen sich auch Kompromisse aus sehr detaillierten und holistischen Codierungen finden, die sich vor allem dann anbieten, wenn die Darstellung unterschiedlicher visueller, vokaler und auch verbaler Kommunikationselemente auf einer gemeinsamen Analyseebene miteinander verglichen werden sollen. So können beispielsweise Elemente von Gestik und Mimik (z. B. Lächeln, Blickrichtung) gemeinsam mit Elementen verbaler (z. B. Thema einer Aussage) und vokaler (z. B. Stimmfrequenz des Redners) Kommunikation simultan auf Sekundenebene erfasst werden. Für jede Sekunde einer Kommunikationssituation wird dann codiert, ob bestimmte Kommunikationselemente erkennbar sind bzw. wie stark sie jeweils ausgeprägt sind. Diese für alle Kommunikationselemente vergleichbaren Inhaltsanalysen können dann die Ausgangsbasis für vergleichende Wirkungsanalysen sein (Nagel 2012).

Rezeptionsanalysen lassen sich dagegen eher auf der Tiefenstruktur eines Bildes verorten. Wir haben bereits deutlich gemacht, dass hier nicht mehr eindeutig zwischen Inhaltanalyse und darauf aufbauender Inferenz zu unterscheiden ist, weil nicht mehr Elemente von Gestik und Mimik erfasst werden, sondern bereits der Eindruck, den diese Elemente hinterlassen. Gleiches gilt im Grunde für das Rating-Verfahren zur Messung physischer Attraktivität, obwohl es sich aufgrund des Attraktivitätskonsenses um ein ausgesprochen valides und reliables Verfahren handelt. Wie wir bereits deutlich gemacht haben, lassen sich die verschiedenen Elemente vokaler Kommunikation leicht mit objektiven Messverfahren erfassen, die Inhaltsanalysen ergänzen können, aber außerhalb der eigentlichen inhaltsanalytischen Messung stehen. Alles in allem plädieren wir folglich dafür, die in diesem Kapitel diskutierten Ansätze als mögliche Analyseverfahren im Rahmen der visuellen Inhaltsanalyse zu verstehen.

4.2 Visualisierung als politische Strategie

Bevor wir uns mit der nonverbalen Politikerdarstellung in den Massenmedien befassen, wollen wir uns in diesem Kapitel zunächst mit der Frage beschäftigen, ob die politischen Akteure selbst zunehmend auf eine visuelle Inszenierung der Politik setzen. In der Logik unseres Ausgangsmodells beschreiben wir hier folglich das reale Verhalten von Politikern. Dieses empirisch zu untersuchen, ist allerdings ausgesprochen schwierig. So kann man im Grunde nicht prüfen, ob sich das nonverbale Verhalten von Politikern in den letzten Jahrzehnten verändert hat, weil wir nahezu ausschließlich das in den Massenmedien dargestellte nonverbale Verhalten kennen. Selbst bei Live-Übertragungen von politischen Reden oder Fernsehdebatten können wir davon ausgehen, dass erhebliche Unterschiede zwischen dem nonverbalen Verhalten bestehen, das ein Beobachter vor Ort wahrnimmt, und dem, das ein Fernsehzuschauer erkennen kann (Donsbach et al. 1993). Wir wollen in diesem Kapitel dennoch versuchen, einige Indikatoren dafür zu finden, dass Politiker zunehmend von einer erheblichen Bedeutung nonverbaler Kommunikation ausgehen und sich diese Einschätzung auch auf ihr nonverbales Kommunikationsverhalten auswirkt. Dazu wollen wir zunächst einige offenkundige Veränderungen in der nonverbalen Inszenierung der Politik diskutieren, die man überwiegend auf die Professionalisierung der politischen Kommunikation zurückführen kann. Anschließend stellen wir Befunde von empirischen Studien zusammen, die sich mit den nonverbalen Kommunikationsstrategien in Informationskanälen, die von der Politik selbst gesteuert werden, beschäftigt haben. Solche Befunde liegen langfristig vor allem für die Wahlwerbespots der Parteien, mittlerweile aber auch für ihre Internetseiten vor.

Die Professionalisierung der Politik und ihre Folgen für das nonverbale Kommunikationsverhalten von Politikern

Von einer Professionalisierung der Politik ist in Deutschland insbesondere seit dem Bundestagswahlkampf 1998 die Rede, in dem die SPD mit der so genannten KAMPA erstmals eine ausgelagerte, mit Marketing-Spezialisten besetzte Wahlkampfzentrale nach amerikanischem Vorbild einrichtete. Weil mittlerweile ein Großteil der Wähler über keine längerfristige Parteibindung mehr verfügt und deshalb viele Wahlentscheidungen erst kurz vor dem Wahltag getroffen werden (Reinemann et al. 2013), investieren heute alle größeren Parteien deutlich mehr in ihre Kampagnenaktivitäten als früher. Als Anzeichen für eine solche Professionalisierung der Politik kann man z. B. die Entwicklung von Wahlkampfstrategien mit Hilfe empirischer Meinungsforschung, die Beobachtung der Aktivitäten des politischen Gegners und das Ausdehnen von Aktionen zur Wählerbindung auf den Zeitraum außerhalb von Wahlkämpfen betrachten. Der für unseren Zusammenhang wichtigste Aspekt der Professionalisierung der Politik ist allerdings die Tatsache, dass die Parteien zunehmend externe Berater beschäftigen, darunter insbesondere Kommunikations- und Medienberater. Auf diese Weise sollen Politiker aller Ebenen rhetorisch geschult werden, um größtmögliche Kommunikationswirkungen zu erzielen. Dies beginnt bei einfachen Wahlkreiskandidaten, für die die Parteien Kommunikationsseminare anbieten, die von professionellen Rhetoriktrainern durchgeführt werden. Es endet bei der wochenlangen Vorbereitung der Kanzlerkandidaten auf die TV-Duelle, bei denen diese u. a. von ehemaligen Fernsehmoderatoren gecoacht werden. Neben der Verbesserung der verbalen Ausdrucksfähigkeit der Politiker geht es dabei auch um ihr nonverbales Kommunikationsverhalten. So erhielt Angela Merkel im Bundestagswahlkampf 2005 nicht nur eine neue Frisur, sondern auch eine intensive Schulung in nonverbaler Kommunikation. Mit dem ehemaligen ZDF-Nachrichtensprecher Alexander Niemetz arbeitete sie auch gezielt an ihrer Körpersprache, die sie in früheren Jahren oft zur Zielscheibe des Spotts von Journalisten und politischen Gegnern werden ließ. Das wohl berühmteste Resultat dieses Trainings ist die so genannte Merkel-Raute: Bei öffentlichen Auftritten bilden die beiden Hände der Kanzlerin vor dem Körper oft eine Art Raute, um Hände und Arme zu stabilisieren. Auch an ihrer Mimik, die früher oft durch eher pessimistisch und antriebslos wirkende herunterhängende Mundwinkel gekennzeichnet war, wurde bei dieser Gelegenheit gearbeitet.

Viele Rhetoriktrainer setzen bei ihren Coachings sogar überwiegend auf den visuellen Auftritt, weil sie sich an der so genannten Mehrabian-Formel oder Kommunikationspyramide orientieren. Die Formel basiert auf zwei kleinen Experimenten, die der amerikanische Psychologe Albert Mehrabian Ende der 1960er Jahre

4.2 Visualisierung als politische Strategie

durchgeführt hat, und besagt, dass exakt 55 % der Meinungsbildung über andere Menschen auf deren Körpersprache (visuelle Kommunikation) zurückzuführen ist. 38 % basieren demnach auf der Stimmmodulation (vokale Kommunikation), und nur 7 % werden durch den Inhalt dessen verursacht, was eine Person sagt (verbale Kommunikation). Auch wenn diese Erkenntnisse aus wissenschaftlicher Perspektive heute aus vielen verschiedenen Gründen allenfalls noch als Mythos taugen, haben sie die Kommunikationspraxis erheblich beeinflusst. Sie finden sich nicht nur in vielen Rhetorik-Handbüchern (z. B. Gelb 1989) und auf unzähligen Webseiten von Kommunikationstrainern, sondern auch in Handbüchern für Journalisten (Prosser und Blaes 1997), Medientrainer (Sattler 2014) und Politikberater (Kolbe 2000). Dies treibt bisweilen kuriose Blüten: So wird der Begründer der Formel auf der Webseite des Bundesverbands der Medientrainer in Deutschland nicht nur „Alfred Mehrabien" genannt und die eigentliche Kommunikationspyramide falsch beschriftet. Diese wird auch gleich noch um eine zweite, völlig willkürlich zusammengestellte „Wirkpyramide im TV" ergänzt, nach der die verbale Kommunikation bei Fernsehauftritten sogar nur noch zwei Prozent der Wirkung ausmachen soll. Die große Beliebtheit der Mehrabian-Formel in der Kommunikationspraxis dürfte vor allem darauf zurückzuführen sein, dass sie Kommunikationspraktikern eine einfache, scheinbar immer gültige Regel an die Hand gibt, während sozialwissenschaftliche Forschungsergebnisse üblicherweise mit vielen, oft schwer kommunizierbaren Randbedingungen verbunden sind. Darüber hinaus hat Mehrabian vor allem im Verlauf der 1970er Jahre zunächst selbst einiges dazu beigetragen, die Formel offensiv in die Kommunikationspraxis zu tragen – während er seitdem überwiegend darum bemüht ist, auf die eingeschränkte Bedeutung seiner Befunde hinzuweisen.

55, 38, 7 %? – Warum die Mehrabian-Formel ein Mythos ist
Die 55-38-7-%-Regel geht auf zwei kleine Experimente zurück, die der amerikanische Psychologe Albert Mehrabian in den 1960er Jahren durchgeführt hat. Im ersten Experiment sollten die Versuchspersonen anhand einzelner positiver und negativer Wörter (z. B. „thanks" oder „terrible"), die von einer Sprecherin in drei unterschiedlichen Stimmlagen (freundlich, neutral, unfreundlich) auf ein Tonband gesprochen wurden, die Emotionen der Sprecherin gegenüber einer fiktiven dritten Person einschätzen. Hierbei stellte sich der Tonfall als deutlich einflussreicher heraus als das gesprochene Wort. Im zweiten Experiment wurde ein neutrales Wort („maybe") von einer Sprecherin ebenfalls in freundlicher, neutraler oder unfreundlicher Stimmlage aufgenommen. Dazu wurden den Versuchspersonen jeweils

Fotos der Sprecherin in unterschiedlichen Körperhaltungen (positiv, neutral, negativ) gezeigt. Hier prägten die Fotos die Einschätzungen der Probanden stärker als die Stimmlage. Schließlich wurden die Befunde beider Experimente auf höchst fragwürdige Weise miteinander verrechnet, um die mittlerweile legendäre Formel zu erhalten (Mehrabian und Ferris 1967; Mehrabian und Wiener 1967). Mehrabians Vorgehensweise ist aus heutiger – und prinzipiell auch aus damaliger – Sicht ausgesprochen angreifbar. Neben der mehr oder weniger unzulässigen Verrechnung der Befunde lassen sich weitere Einwände gegen die Studien selbst bzw. ihre Generalisierung auf alle Kommunikationssituationen formulieren: Beide Experimente lassen sich als ausgesprochen künstlich charakterisieren. Dies betrifft zum einen das Stimulusmaterial, z. B. die Kombination aus dem Ansehen von Fotos und dem Anhören von Tonbandaufnahmen. Zum anderen betrifft es das Untersuchungsdesign, insbesondere die Tatsache, dass sich die Studien nur mit inkonsistenten Botschaften (z. B. negatives Wort in freundlichem Tonfall) beschäftigen, die in der Realität nur selten vorkommen. Auch die Tatsache, dass der verbale Stimulus lediglich aus einzelnen Wörtern bestand, lässt eine Generalisierung auf alltägliche Kommunikationssituationen, in denen inhaltlich zusammenhängende Argumente ausgetauscht werden, sicher nicht zu. Schließlich geht es in den Experimenten ausschließlich darum, die Emotionen der dargestellten Personen gegenüber Dritten einzuschätzen. Über andere Arten der Meinungsbildung, z. B. die Meinungen über die dargestellten Personen selbst, können deshalb keine Aussagen getroffen werden (zu einer kritischen Auseinandersetzung mit der Mehrabian-Formel auch Oestreich 1999; Lappako 1997).

Die Tatsache, dass politische Parteien zunehmend professionelle Kommunikationsberater engagieren, und die Tatsache, dass diese Kommunikationsberater häufig von einer erheblichen Wirkung nonverbaler Kommunikation überzeugt sind, hat folglich dazu geführt, dass den Parteien die Visualisierung der Politik zunehmend als eine erfolgversprechende politische Strategie erschien. Dies lässt sich nicht nur an der Einführung nonverbaler Kommunikationstrainings für Politiker ablesen. Ein anderes Beispiel hierfür ist die visuelle Inszenierung von Parteitagen. In Deutschland gilt hierfür insbesondere der Leipziger Parteitag der SPD im April 1998 als Meilenstein, auf dem die Kanzlerkandidatur Gerhard Schröders offiziell beschlossen wurde. In den USA waren durchgeplante Parteitage mit Konfettiregen, Luftballons und begeisterten Kindern zwar schon länger üblich. Für deutsche

4.2 Visualisierung als politische Strategie

Foto: reuters (www.spiegel.de) Foto: dapd (www.news.de) Foto: David Hecker/DPA (www.stern.de)

Abb. 4.3 Inszenierte visuelle Kommunikation: Parteitage und Sommerreisen

Verhältnisse bis dahin ungewöhnlich begann die Planung der aufwändigen Licht-Show für den Parteitag aber schon rund ein halbes Jahr zuvor. Ablauf und Kameraeinstellungen waren exakt so geplant, dass die Fernsehzuschauer die bestmöglichen Bilder zu sehen bekommen würden: Schröder als eloquenter Redner vor einem begeisterten Publikum, Schröder beim Händeschütteln auf dem Podium, Schröder beim Marsch durch die jubelnde Menge. Die Massenmedien diskutierten diese Inszenierungen mit einer Mischung aus Ablehnung und Respekt, und verschafften auf diese Weise Schröder und seiner Partei zusätzliche Medienberichterstattung, die über die üblichen Parteitagsberichte hinausging. Seitdem sind professionell geplante Parteitagsinszenierungen auch in Deutschland für die meisten Parteien eine Selbstverständlichkeit. Derselben Logik folgen auch Sommerreisen und ähnliche inszenierte Auftritte von Politikern, die sich in den letzten Jahren zunehmend etabliert haben: Politiker besuchen Unternehmen und sprechen dort mit Arbeitern, Politiker unternehmen Fahrradtouren und füttern am Wegesrand Tiere, Politiker besuchen Schulen, Kinderheime oder Sportvereine (Abb. 4.3). Durch diese Ausflüge werden selbstverständlich weder Arbeitsplätze geschaffen, noch Umweltschutz oder Bildung verbessert. Es handelt sich vielmehr um rein symbolische Politik, die das Ziel hat, der Bevölkerung zu demonstrieren, wie sehr sich der jeweilige Politiker um die Probleme der Menschen kümmert. Dies gelingt, weil jede Reise von Fotografen und Kamerateams begleitet wird, die dafür sorgen, dass die Bilder von sich freundlich kümmernden Politikern an den folgenden Tagen durch die Medien gehen. Insgesamt ist folglich offensichtlich, dass visuelle Inszenierungen von der Politik strategisch eingesetzt werden. Dass dies zunimmt, ist eine plausible Einschätzung, die allerdings nicht auf empirischen Befunden basiert. Wir wollen im folgenden Kapitel deshalb auch einige empirische Befunde dazu diskutieren, wie sich Politiker in ihren eigenen Kommunikationskanälen nonverbal darstellen.

Nonverbale Kommunikationsstrategien in politikeigenen Kommunikationskanälen

Als politikeigene Kommunikationskanäle wollen wir hier alle Kanäle bezeichnen, in denen sich die Politik direkt, also ohne den Umweg über die Massenmedien, an die Wähler wendet. Wir können annehmen, dass die in diesen Kanälen erkennbare nonverbale Kommunikation das Resultat einer strategischen Entscheidung der Politik oder ihrer Berater ist und nicht durch journalistische Darstellungstechniken verändert wurde. Solche Kanäle der politischen Selbstdarstellung sind traditionell Wahlplakate und Wahlwerbespots, seit Kurzem aber auch Webseiten von Parteien und Kandidaten sowie deren Beiträge in sozialen Netzwerken, wie z. B. Facebook oder Twitter. Wenn wir feststellen, dass die Visualisierung der Politik in diesen Kanälen zugenommen hat, wäre dies auch ein empirischer Beleg dafür, dass die Politik zunehmend auf die Kraft visueller Inszenierungen setzt.

Wahlplakate können prinzipiell reine Text-, reine Bild- oder Text/Bild-Plakate sein. Grundsätzlich lassen sie sich aber als typische visuelle Medien charakterisieren, weil sie auch dem flüchtigen Betrachter leicht erfassbare Informationen präsentieren müssen. Es ist deshalb nicht verwunderlich, dass die meisten Wahlplakate Text/Bild-Plakate sind, die Fotos der zur Wahl stehenden Kandidaten oder Fotos von Alltagssituationen zeigen, die durch knapp formulierte Textbotschaften ergänzt werden. Reine Text-Plakate beschränken ich meist auf knappe, einfach zu verarbeitende Botschaften, können aber in Einzelfällen – wie auf dem unten abgebildeten Plakat der Linkspartei aus dem Bundestagswahlkampf 2013 – auch längere Texte enthalten. Auch Bildplakate enthalten in der Regel zumindest den Namen des Kandidaten oder seiner Partei. Geradezu legendär wurde deshalb ein CDU-Plakat aus dem Bundestagswahlkampf 1994, das den damaligen Bundeskanzler Helmut Kohl ohne jeden Verweis auf seine Partei allein durch seine Größe leicht hervorgehoben beim Bad in einer Menschenmenge zeigte. Auf einem recht ähnlichen Plakat zeigte die SPD ihren Kandidaten im Bundestagswahlkampf 2013, Peer Steinbrück. Allerdings befindet sich Steinbrück auf dem Plakat nicht in, sondern nach einem Wahlkampfauftritt in Berlin auf einer Bühne oberhalb einer Menschenmenge. Zudem verzichtete die Partei nicht vollständig auf Text, sondern druckte ihren Slogan „Das Wir entscheidet" sowie ihre Internetadresse auf das Plakat. Auf dem Bild geschwenkte Fahnen lassen schließlich auch erkennen, dass es sich um ein SPD-Plakat handelt (Abb. 4.4).

Während einige empirische Studien zeigen, dass sich das Text/Bild-Verhältnis von kommerzieller Werbung in Deutschland in den letzten Jahrzehnten deutlich zugunsten des Bildanteils verschoben hat (z. B. Kepplinger und Glaab 2005), liegen solche Analysen für politische Plakate bislang nicht vor. Vielmehr beschäftigt sich die Forschung in Deutschland meist qualitativ mit einzelnen Motiven oder

4.2 Visualisierung als politische Strategie

Reines Textplakat	Reines Bildplakat	Text/Bild-Plakat

Foto: www.die-linke.de	Foto: www.spiegel.de	Foto: www.spd.de

Abb. 4.4 Typen von Wahlplakaten

Motivserien, so dass kaum verallgemeinernde Aussagen über die Gestaltung von Wahlplakaten möglich sind (z. B. Lessinger et al. 2003; Holtz-Bacha und Lessinger 2006). Allerdings liegen einige quantitative Studien aus anderen europäischen Ländern vor. So zeigt Dumitrescu (2010) in einer Analyse der Kandidatenplakate im französischen Präsidentschaftswahlkampf 2007, dass nahezu alle Plakate den Namen des Kandidaten (99 %), ein Foto des Kandidaten (97 %) und den Namen seiner Partei (92 %) enthielten. Darüber hinausgehende verbale Informationen in Form von Slogans (81 %) oder längeren Statements (66 %) kamen dagegen deutlich seltener vor. Darüber hinaus zeigen sich bemerkenswerte Unterschiede zwischen den Plakaten von großen und kleineren Parteien. Große Parteien bilden nicht nur häufiger ihre Kandidaten ab, sie rücken sie auch stärker in den Fokus des Plakats. Die Plakate der kleineren Parteien vermitteln dagegen etwas häufiger auch verbale Informationen, die über die Namensnennungen hinausgehen. Eine langfristige Inhaltsanalyse von Wahlplakaten in den Niederlanden zeigt für den Zeitraum zwischen 1946 und 2006 einen erheblichen Anstieg der Bilder von prominenten Spitzenkandidaten auf den Plakaten. Im selben Zeitraum gingen Bilder von ideologischen Symbolen, deutlich zurück. Beide Entwicklungen waren dagegen in den Texten auf den Plakaten nicht zu erkennen (Vliegenthart 2012).

Wahlwerbespots sind deutlich besser untersucht. Viele empirische Studien arbeiten hier mit dem Videostyle-Konzept, das in den 1980er Jahren von Lynda Lee Kaid entwickelt wurde. Dabei werden neben den verbalen auch die visuellen Kommunikationselemente der Spots erfasst, z. B. welche Personen gezeigt werden, in welcher Umgebung sich die Personen aufhalten, aber auch welche Kameraperspektiven und Einstellungsgrößen verwendet werden (ausführlich Kaid und Johnston 2001). Die Analysen beschränken sich folglich auf die Oberflächenstruktur der Spots. Dabei liegen sowohl für die USA (1952–2000; Kaid und Johnston 2001) als auch für Deutschland (1957–1998; Holtz-Bacha 2000) umfangreiche Langzeitanalysen vor, die Veränderungen in den visuellen Kommunikationsstrategien der Spots aufzeigen. Die Studien zeigen, dass zwar in fast allen Spots Politiker und insbesondere die jeweiligen Spitzenkandidaten zu sehen sind, diese aber nur in rund einem Drittel der Spots auch im Mittelpunkt stehen. Dabei zeigt sich in Deutschland kein klarer Trend zu einer zunehmenden Personalisierung der Spots, vielmehr werden starke Schwankungen von Wahl zu Wahl erkennbar. Allerdings ist tendenziell erkennbar, dass die beiden großen Parteien seit den 1990er Jahren ihre Spitzenkandidaten in fast jedem der Spots zumindest kurz visuell präsentieren. Dagegen gab es in den 1960er Jahren noch deutlich mehr Spots, in denen die Kandidaten nicht zu sehen waren. Wenn die Kandidaten zu sehen sind, werden sie in deutschen Wahlwerbespots meist in formeller Umgebung gezeigt. In den USA und einigen anderen Ländern dominieren dagegen informelle Situationen. In den Spots sind die Kandidaten meist auf Augenhöhe zu sehen. Dominierende Einstellungsgröße ist die Nahaufnahme. Ein bemerkenswerter Befund ist schließlich, dass die Spots der deutschen Parteien seit den 1970er Jahren immer kürzere Schnittfrequenzen enthielten (Holtz-Bacha 2000).

In einer Analyse der Fotos auf den *Webseiten* der beiden Kandidaten im amerikanischen Präsidentschaftswahlkampf 2000, George Bush und Al Gore, untersuchten Verser und Wicks (2006) deren nonverbale Selbstdarstellungstechniken. Dabei zeigen sich fast durchweg erhebliche Unterschiede zwischen den Kandidaten: So fanden sich auf Gores Webseite rund achtmal so viele Fotos wie auf der von Bush. Während Gore überwiegend dynamisch gestikulierend gezeigt wurde, erschien Bush auf den Fotos überwiegend passiv. Gore wurde meist auf aktuellen Fotos gezeigt, während auf Bushs Seite auch viele ältere Fotos von ihm zu sehen waren. Neuere Analysen zur Selbstdarstellung von Politikern in *sozialen Medien* wie Facebook beschränken sich bislang darauf, zu erfassen, welche Art von Fotos Politiker hier verwenden. Sie zeigen z. B., dass die Facebook-Profile der Bundestagsabgeordneten in der Regel Profilbilder zeigen, auf denen nur der Politiker selbst zu sehen ist (95 %). Die einzelnen Statusnachrichten der Politiker enthalten zu rund einem Drittel (30 %) ein Foto, auf dem meist der Politiker gemeinsam mit anderen Politikern oder Bürgern abgebildet ist. Rund fünf Prozent der Nachrichten enthalten darüber hinaus auch ein Video (Jost 2013).

Alles in allem deuten die Befunde folglich darauf hin, dass in politikeigenen Informationskanälen häufig visuelle Informationen vermittelt werden und dies tendenziell auch zunehmend der Fall ist. Allerdings ist die visuelle Selbstdarstellung von Politikern in politischen Kommunikationskanälen bislang allenfalls punktuell erforscht. Es fehlen international vergleichende und in vielen Fällen auch Langzeitanalysen. Dies gilt im Übrigen prinzipiell auch für die verbale Selbstdarstellung von Politikern, weil sich die meisten kommunikationswissenschaftlichen Inhaltsanalysen mit der Politikberichterstattung der Massenmedien beschäftigen. Die Befunde dieser Studien wollen wir im folgenden Kapitel behandeln.

4.3 Nonverbale Politikerdarstellungen in den Massenmedien

Im April 2014 wurde die traditionsreiche *Tagesschau* unter großem Medienrummel zum ersten Mal aus dem neuen, rund 24 Mio. € teuren Fernsehstudio gesendet. Die Neuerung bestand im Wesentlichen darin, dass sich hinter den Sprechern nun eine riesige Medienleinwand befindet, auf der animierte Grafiken und großformatige Fotos zu sehen sind, die laut Sender die Authentizität, Emotionalität und Verständlichkeit der Nachrichten erhöhen sollen. Wir wollen in diesem Kapitel diskutieren, ob Massenmedien grundsätzlich zunehmend auf eine Visualisierung politischer Informationen setzen. Zudem interessiert uns, welche Art von nonverbalen Informationen die Massenmedien über Politiker verbreiten. Wir beziehen dabei sowohl Inhaltsanalysen zu Pressefotos, als auch Befunde zu Fernsehnachrichtenbildern ein und beschließen das Kapitel mit der Diskussion eines bislang kaum untersuchten, aber prinzipiell sehr wichtigen Sachverhalts, dem Informationsgehalt nonverbaler Medieninformationen.

Visualisierungstendenzen: Anzahl, Umfang und Motive von Pressefotos und Fernsehnachrichtenbildern

Die Tatsache, dass die Politikberichterstattung von *Printmedien* zunehmend visualisiert ist, ist vergleichsweise gut belegt. So zeigen Bernhard und Scharf (2008) einen erheblichen Anstieg der Fotos in den Politikteilen von drei deutschen Regionalzeitungen zwischen 1980 und 2007. Je nach Zeitung hat sich die Anzahl der Fotos in dieser Zeit verdrei- bis verzehnfacht. Ähnliche Befunde liegen auch für die USA vor, die zudem zeigen, dass vor allem großflächige Fotos häufiger verwendet werden (King und Lester 2005). Besonders eindrucksvoll zeigen sich diese Visualisierungstendenzen auch in einer Analyse der Fotos der Kanzlerkandidaten in der Berichterstattung der vier überregionalen Qualitätszeitungen über die Bundestagswahlkämpfe 1949 bis 2009 (Wilke und Leidecker 2010). Die Daten zeigen, dass bis zu Beginn der 1990er Jahre nur ein sehr geringer Teil der Beiträge über die Kanzlerkandidaten bebildert war. Dies änderte sich bereits im Verlauf der 1990er Jahre. Besonders stark nahm die Bebilderung dann im Verlauf der 2000er Jahre zu, sodass 2009 bereits jeder fünfte Beitrag über die Kandidaten bebildert war (Abb. 4.5). Dabei lässt sich der langfristige Anstieg der Bebilderung einerseits durch Innovationen in der Foto- (z. B. Digitalkamera) und Drucktechnik (z. B. Offsetdruck) erklären, die einen kostengünstigen Fotodruck erst ermöglichten. Andererseits kann man aber vermuten, dass hinter diesen Veränderungen auch

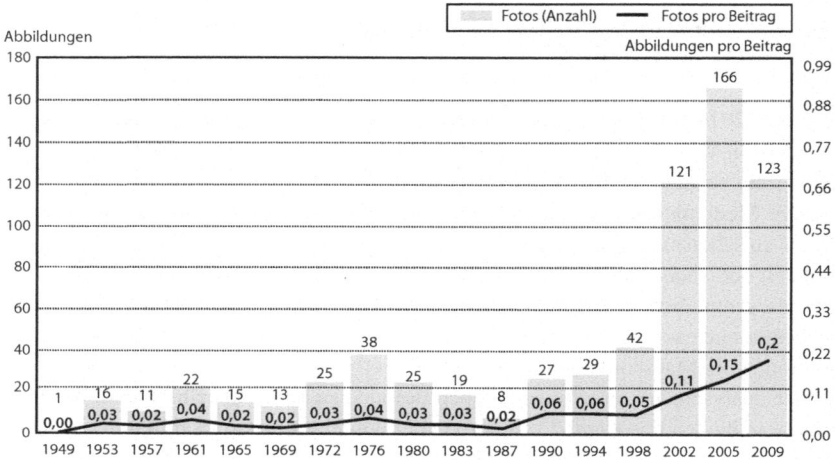

Abb. 4.5 Fotos der Kanzlerkandidaten in der Berichterstattung der vier überregionalen Qualitätszeitungen über die Bundestagswahlkämpfe 1949 bis 2009. (Quelle: Wilke und Leidecker 2010, analysiert wurden *Welt*, FAZ, SZ und FR in den vier Wochen vor der Wahl)

redaktionelle Selektionsentscheidungen stehen, die darauf zurückzuführen sind, dass Verleger und Journalisten zunehmend den Eindruck gewonnen haben, dass die Leser an Fotos der Kandidaten interessiert sind.

Analysiert man die Bebilderung der Politikberichterstattung im Detail, zeigen sich zunächst Unterschiede zwischen einzelnen Tageszeitungen. Besonders starke Visualisierungstendenzen findet man demnach in der Boulevardpresse: Während die meisten Beiträge in Qualitätszeitungen nach wie vor nicht bebildert sind, wird rund jeder zweite Beitrag in Boulevardzeitungen von einem Bild begleitet (Connell 1998). Die Tatsache, dass in Qualitätszeitungen heute deutlich mehr Bilder zu finden sind als früher, wird deshalb häufig auch als ein Indikator für die zunehmende Boulevardisierung der Politikberichterstattung betrachtet. Auch innerhalb der Qualitätszeitungen lassen sich zum Teil Unterschiede im Visualisierungsgrad erkennen. So druckt die *Welt* deutlich mehr Bilder pro Seite als die anderen Qualitätszeitungen und weist zudem auch einen deutlich höheren Anteil an Farbfotos auf (Grittmann 2007). Rund die Hälfte der abgedruckten Bilder ist eher klein (einspaltig), allerdings sind rund 10 % der Fotos in den überregionalen Qualitätszeitungen auch mehr als vierspaltige Seitenaufmacher. In der *Bild*-Zeitung sind es sogar 17 % (Ballensiefen 2009).

Rund 90 % der Fotos in den Politikteilen der überregionalen Tageszeitungen zeigen Personen, bei über der Hälfte davon handelt es sich um so genannte

4.3 Nonverbale Politikerdarstellungen in den Massenmedien

Ereignisfotos, also Fotos, auf denen die Personen bestimmten Tätigkeiten nachgehen (z. B. Händeschütteln, Reden halten usw.). Etwas über ein Drittel der Fotos sind Porträtfotos von einzelnen Politikern. Von den personenbezogenen Fotos zeigen fast die Hälfte Regierungsmitglieder und rund zehn Prozent andere Politiker (Grittmann 2007). Insbesondere in Wahlkämpfen konzentriert sich die Bildberichterstattung dabei stark auf die jeweiligen Spitzenkandidaten. So erschienen in fünf ausgewählten Tageszeitungen im Bundestagswahlkampf 2005 rund 500 Fotos von Herausforderin Angela Merkel und rund 400 Fotos von Amtsinhaber Gerhard Schröder. Alle anderen Politiker waren auf höchstens rund 100 Fotos zu sehen (Ballensiefen 2009). Man kann folglich – ähnlich wie bei der verbalen Politikdarstellung der Massenmedien – auch auf der Ebene der Bildberichterstattung von einer erheblichen Personalisierung der Medieninhalte sprechen (zum Konzept der visuellen Personalisierung auch Maurer und Engelmann 2014). Dagegen sprechen weder die Befunde dieser Studien, noch ähnliche Befunde aus den USA (Moriarty und Popovich 1991; Waldman und Devitt 1998) für einen visuellen Amtsbonus des amtierenden Regierungschefs. Während in der verbalen Berichterstattung über den Amtsinhaber in der Regel öfter berichtet wird als über den Herausforderer (Wilke und Leidecker 2010), ist dies bei Fotos in Printmedien offensichtlich nur selten der Fall: Nur in den Bundestagswahlkämpfen 1976, 1990 und 2002 druckten die deutschen Qualitätszeitungen deutlich mehr Bilder der amtierenden Kanzler als ihrer Herausforderer ab (Wilke 2004).

In Bezug auf die Kameraperspektive kann man grob zwischen Normalsicht (Augenhöhe), Untersicht (Froschperspektive) und Draufsicht (Vogelperspektive) unterscheiden, wobei die Augenhöhe allgemein als die für den Dargestellten günstigste Perspektive gilt (ausführlich Kap. 6.4). Deutsche Qualitätszeitungen verwenden fast ausschließlich (90 %) Fotos, die auf Augenhöhe aufgenommen wurden (Grittmann 2007). Allerdings zeigen amerikanische Studien auch, dass sich die visuelle Darstellung einzelner Kandidaten stark voneinander unterscheiden kann. So bildeten amerikanische Nachrichtenmagazine im Präsidentschaftswahlkampf 1988 den Demokraten Dukakis im Vergleich zu seinem Rivalen Bush häufiger aus der Froschperspektive ab (Moriarty und Popovich 1991). Dagegen präsentieren amerikanische Tageszeitungen im Präsidentschaftswahlkampf 1996 den demokratischen Kandidaten Clinton signifikant häufiger aus der günstigen Augenhöhe als seinen Herausforderer Dole (Waldman und Devitt 1998). In Bezug auf die Einstellungsgrößen kann man ebenfalls grob zwischen Nah-/Großaufnahme (Gesicht und Teile der Schultern sind zu sehen), Halbtotale/Halbnahe (Kopf bis Fuß/Kopf bis Hüfte sind zu sehen) und Totale (mehrere Personen oder Objekte sind zu sehen) unterscheiden (ausführlich Kap. 6.4). Etwas über die Hälfte der Fotos in deutschen Tageszeitungen sind Großaufnahmen, etwas mehr als ein Drittel Halbtotale oder Halbnahe, Totale kommen vergleichsweise selten vor (Grittmann 2007). Eine andere Möglichkeit, die Einstellungsgröße eines Bildes zu erfassen, ist der so genannte Face-ism-Index, der ursprünglich entwickelt wurde, um die These zu überprüfen, dass Frauen in den Massenmedien eher körperbetont, Männer dagegen eher gesichtsbetont dargestellt werden. Hierzu wird der Abstand zwischen dem obersten und dem untersten Punkt des Kopfes durch den Abstand zwischen dem obersten Punkt des Kopfes und dem untersten auf dem Bild sichtbaren Punkt der abgebildeten Person geteilt. Das Ergebnis ist ein Indexwert, der zwischen 0 (Kopf ist gar nicht abgebildet) und 1 (nur der Kopf ist abgebildet) liegen kann. Dabei zeigte sich im Bundestagswahlkampf 2005, dass Amtsinhaber Schröder entgegen den Erwartungen auf Pressefotos signifikant körperbetonter dargestellt wurde als Herausforderin Merkel (Holtz-Bacha und Koch 2008).

Obwohl das *Fernsehen* per se ein visuelles Medium ist, lassen sich auch hier langfristige Visualisierungstendenzen erkennen. Untersucht wird dabei in der Regel das Verhältnis von Sprechermeldungen, die allenfalls mit Standbildern unterlegt sind, zu Nachrichtenfilmen. Solche Untersuchungen zeigen beispielsweise, dass Mitte der 1970er Jahre nur rund 50 %, Ende der 1980er Jahre aber bereits rund 70 % der Beiträge in *Tagesschau* und *Heute* Nachrichtenfilme waren (Ludes 1993). Diese Entwicklung hat sich tendenziell auch in den 1990er und 2000er Jahren fortgesetzt. So zeigen Donsbach und Büttner (2005) einen starken Anstieg der Nachrichtenfilme in den öffentlich-rechtlichen Fernsehnachrichten zwischen 1983 und 1998. Maier, Ruhrmann und Stengel (2009) belegen einen weiteren Anstieg der Visualisierungen zwischen 1992 und 2007. Insbesondere die Nachrichtensendungen der Privatsender bestehen demnach mittlerweile fast vollständig aus Nachrichtenfilmen. Allerdings sind die in den drei Untersuchungen ermittelten Werte aufgrund unterschiedlicher Operationalisierungen nicht direkt miteinander vergleichbar. Ähnlich wie im Falle von Pressefotos lassen sich auch diese Entwicklungen teilweise auf technische und organisatorische Innovationen zurückführen. So hat die Digitalisierung der Filmtechnik nicht nur dazu geführt, dass die Aufnahmen professioneller Kameraleute heute schneller zur Verfügung stehen. Auch Filmaufnahmen von Laien werden mittlerweile in den Fernsehnachrichten gezeigt, wenn sie dramatische Bilder liefern, die anders nicht verfügbar sind. Allerdings dürfte es sich auch bei der zunehmenden Visualisierung der Fernsehnachrichten vor allem um eine Folge redaktioneller Entscheidungen handeln: Die Verwendung von Filmmaterial gilt als modern, vermittelt den Eindruck von Lebendigkeit und Authentizität und trifft aus Sicht der Redaktionen deshalb den Publikumsgeschmack.

4.3 Nonverbale Politikerdarstellungen in den Massenmedien

Visualität als Nachrichtenfaktor

Die Nachrichtenwerttheorie ist eine von mehreren Theorien, mit deren Hilfe man die journalistische Nachrichtenauswahl erklären kann. In ihrer ursprünglichen Form geht sie davon aus, dass bestimmte, mehr oder weniger objektive Merkmale von Ereignissen (Nachrichtenfaktoren) darüber entscheiden, ob die Massenmedien über ein Ereignis berichten oder nicht. Je mehr Nachrichtenfaktoren auf ein Ereignis zutreffen und je stärker sie ausgeprägt sind, desto höher ist der Nachrichtenwert eines Ereignisses. Ein Ereignis wird wiederum umso eher zur Nachricht, je größer sein Nachrichtenwert ist. Spätere Modifikationen der Theorie stellen die Journalisten selbst stärker in den Mittelpunkt, weil sie darüber entscheiden, welche Ereignismerkmale ein Ereignis publikationswürdig machen. Nachrichtenfaktoren sind in diesem Sinne zwar objektive Ereignismerkmale, ihre Bedeutung für die Nachrichtenselektion wird ihnen von den Journalisten aber subjektiv zugeschrieben. Einige neuere Studien zur Nachrichtenwerttheorie betrachten auch Visualität als Nachrichtenfaktor. Ihre Annahme lautet, dass über bestimmte Ereignisse vor allem deshalb berichtet wird, weil sie sich gut visualisieren lassen oder weil gute Bilder vorliegen. Ein Beispiel hierfür wäre die Tatsache, dass Fernsehnachrichten in der Regel wesentlich intensiver über Flutkatastrophen berichten als über Erdbeben, weil Flutkatastrophen über lange Zeiträume dramatische Bilder liefern, während Erdbeben meist vorbei sind, wenn die Kameras eintreffen. Tatsächlich suggerieren einige inhaltsanalytische Studien, dass kein zweiter Nachrichtenfaktor in den vergangenen 20 Jahren auch nur annähernd so an Bedeutung gewonnen hat, wie der Faktor Visualität (z. B. Ruhrmann et al. 2003; Maier et al. 2009). Allerdings erfassen diese Studien den Nachrichtenfaktor Visualität über eine Inhaltsanalyse der visuellen Gestaltung der Medienbeiträge selbst. Da der Vergleich mit der Visualisierbarkeit nicht berichteter Ereignisse fehlt, wird der eigentliche Selektionsprozess ausgeblendet. Die Befunde sprechen folglich zunächst nur dafür, dass die Fernsehnachrichten ihre Beiträge zunehmend visualisieren. Studien, die den Einfluss von Nachrichtenfaktoren auf den Selektionsprozess mit Hilfe von Journalistenbefragungen untersucht haben, deuten dagegen darauf hin, dass Visualität verglichen mit anderen Faktoren einen eher mittleren Einfluss auf die Selektionsentscheidung hat. Daran hat sich in den vergangenen Jahrzehnten auch nur wenig verändert (Ruhrmann und

> Göbbel 2007). Eine andere, ebenfalls relevante Frage ist, welche Nachrichtenfaktoren die Auswahl von Pressefotos oder Nachrichtenfilmen beeinflussen. Hier wird die Nachrichtenwerttheorie von der Ereignisauswahl auf die Bildauswahl übertragen. Die Forschung zu den so genannten Fotonachrichtenfaktoren steht allerdings noch vergleichsweise am Anfang (z. B. Singletary und Lamb 1984; Rössler et al. 2011).

Eine Folge der zunehmenden Visualisierung der Fernsehnachrichten ist, dass sich das Verhältnis von Sound Bites zu Image Bites verschiebt. Als Sound Bites bezeichnet man Fernsehausschnitte, in denen Personen über einen längeren Zeitraum ununterbrochen gleichzeitig zu hören und zu sehen sind. Die durchschnittliche Länge der Sound Bites von Politikern ist in den amerikanischen Fernsehnachrichten zwischen 1960 und 1992 deutlich zurückgegangen (Patterson 1993) und zwischen 1992 und 2004 zumindest tendenziell noch weiter gesunken. Heute dauert ein durchschnittlicher Sound Bite weniger als acht Sekunden (Grabe und Bucy 2009). Im selben Zeitraum haben Sound Bites von Journalisten so zugenommen, dass diese in amerikanischen, aber auch in deutschen Fernsehnachrichten mittlerweile etwa drei Mal so viel Redezeit erhalten wie Politiker (Esser 2008). Für unsere Fragestellung noch relevanter ist allerdings der Vergleich mit der Länge der Image Bites von Politikern. Image Bites sind Fernsehausschnitte, in denen Personen zwar zu sehen, aber nicht zu hören sind. Dabei handelt es sich oft um Aufnahmen, auf denen Politiker bei der Ausübung politischer Tätigkeiten zu sehen sind, immer öfter aber auch um weitgehend sinnfreie inszenierte Schnittbilder, auf denen Politiker, die später ein kurzes Statement abgeben, zunächst dabei gezeigt werden, wie sie über die Straße oder durch Gebäude laufen, während ein Journalist dazu aus dem Off über das spätere Interviewthema spricht. Die durchschnittliche Länge der Image Bites der Präsidentschaftskandidaten hat in den amerikanischen Fernsehnachrichten zwischen 1992 und 2004 von weniger als 22 auf fast 26 s zugenommen (Grabe und Bucy 2009). Dies bedeutet zugleich, dass die Kandidaten mehr als drei Mal so lange stumm im Bild zu sehen waren, wie sie sprechend gezeigt wurden. Für Deutschland liegen mittlerweile einige ähnliche Studien vor, deren Befunde aufgrund unterschiedlicher Operationalisierungen aber nicht direkt mit den amerikanischen vergleichbar sind (Esser 2008; Schulz und Zeh 2010; Sülflow und Esser 2014a). Sie zeigen, dass die Sound Bites in deutschen Fernsehnachrichten noch vor der Bundestagswahl 2002 deutlich länger waren als die Image Bites. Vor der Bundestagswahl 2009 hatte sich dieses Verhältnis aber deutlich umgekehrt: Während die durchschnittliche Länge eines Sound Bites 12,6 s betrug,

4.3 Nonverbale Politikerdarstellungen in den Massenmedien

war ein durchschnittlicher Image Bite 30,5 s lang. Betrachtet man die Befunde weiter im Detail, zeigen sich Unterschiede zwischen den Fernsehsendern. Im Vergleich zu den Nachrichten der öffentlichen-rechtlichen Fernsehsender verwendet *RTL Aktuell* kürzere Sound Bites und etwas längere Image Bites.

Ähnlich wie im Falle von Pressefotos konzentriert sich die visuelle Aufmerksamkeit auch in den Fernsehnachrichten auf wenige Politiker. Diese Konzentration ist in Deutschland zwar etwas weniger stark ausgeprägt als z. B. in den USA (Masters et al. 1991), fällt aber dennoch deutlich aus. So konzentrierte sich die visuelle Berichterstattung der deutschen Fernsehnachrichtensendungen vor der Bundestagswahl 2009 vor allem auf drei Politiker: Angela Merkel (41 % der Image Bites), Frank-Walter Steinmeier (29 %) und Guido Westerwelle (14 %) (Sülflow und Esser 2014a). Im Unterschied zu Pressefotos sich bei den Fernsehnachrichten folglich auch ein Amtsbonus: Die amtierende Kanzlerin war deutlich länger im Bild zu sehen als ihr Herausforderer. Ähnliche Befunde liegen auch für die Bundestagswahlen 1998 und 2002 vor (Maurer und Kepplinger 2003), während vor der Bundestagswahl 1976 sogar visuelle Informationen über Herausforderer Helmut Kohl dominierten (Kepplinger 1982). In den USA zeigt sich dagegen nur für die Präsidentschaftswahl 2004 ein leichter visueller Amtsbonus des amtierenden Präsidenten Bush (Grabe und Bucy 2009).

Politiker werden in deutschen Fernsehnachrichten bei weitem überwiegend aus der für sie günstigen Augenhöhe gezeigt. Dies gilt jedoch nicht immer für alle Kandidaten gleichermaßen. So zeigte Kepplinger (1982) in einer auch öffentlich stark diskutierten Studie, dass Herausforderer Kohl im Bundestagswahlkampf 1976 in den politischen Magazinen des ZDF deutlich häufiger aus der ungünstigen Vogelperspektive gezeigt wurde als Amtsinhaber Schmidt. Ebenso wurde der Herausforderer im Bundestagswahlkampf 2009, Frank-Walter Steinmeier, in den ARD-Nachrichten deutlich häufiger aus vorteilhaften Kameraperspektiven und Einstellungsgrößen gezeigt als Amtsinhaberin Angela Merkel (Sülflow und Esser 2014b). Auch in den amerikanischen Fernsehnachrichten dominiert die Kameraperspektive auf Augenhöhe. Darüber hinaus sind die mit Abstand meisten Einstellungen Halbtotale. Allerdings scheinen die Sender die republikanischen im Vergleich zu den demokratischen Kandidaten tendenziell eher mit positiven Aufnahmetechniken darzustellen (Grabe und Bucy 2009). In einer international vergleichenden Studie zeigen Sülflow und Esser (2014b), dass deutsche Fernsehnachrichten Politiker häufiger aus der positiv konnotierten Augenhöhe zeigen als amerikanische. Zudem verwenden sie häufiger Nahaufnahmen. Auch in Bezug auf die Editiertechniken zeigt sich schließlich ein bemerkenswerter Befund: Deutsche Fernsehnachrichten werden immer schneller geschnitten. Dies gilt besonders für die *Heute*-Nachrichten des ZDF, in denen die durchschnittliche Länge einer Schnittsequenz zwischen 1983 und 1998 von 26 auf nur noch 7 s sank (Donsbach und Büttner 2005).

Ungleichgewichte in der Verwendung von Aufnahmetechniken zeigen sich schließlich auch in Inhaltsanalysen von Fernsehdebatten. So wurde z. B. der demokratische Kandidat Carter in den Fernsehdebatten zur amerikanischen Präsidentschaftswahl 1976 öfter aus günstigen Kameraperspektiven gezeigt als sein Herausforderer Ford (Tiemens 1978). Zugleich zeigt eine Langzeitanalyse der Debatten 1976, 1984 und 1988, dass die Kameraperspektiven im Zeitverlauf immer schneller wechselten und so den Eindruck von Kontroversen vermittelten, die verbal gar nicht vorhanden waren (Morello 1988, 1992). In den deutschen TV-Duellen werden deshalb zwischen den Sendern und den Teams der Kandidaten vorab Regeln für die Kameraführung vereinbart. So sind Nahaufnahmen ebenso wenig erlaubt wie extreme Kamerafahrten. In rund drei Vierteln der Zeit ist deshalb nur der sprechende Kandidat in der Halbnahen auf Augenhöhe zu sehen (Maurer et al. 2007).

Wertende nonverbale Politikerdarstellungen: Tendenz der nonverbalen Darstellung und visuelles Framing

Wir haben am Ende des vorangegangenen Kapitels deutlich gemacht, dass es schon aufgrund formaler Darstellungsmerkmale zu Ungleichgewichten in der medialen Darstellung von Politikern kommen kann. In diesem Abschnitt wollen wir uns mit der inhaltlichen Darstellung von Politikern beschäftigen und dabei wiederum einen Schwerpunkt auf mögliche Ungleichgewichte legen. Anders als im vorangegangenen Kapitel wollen wir hier Pressefotos und Fernsehbilder zusammen betrachten, weil zu beiden bislang nur wenige Studien vorliegen und sich ihre Befunde zudem ähneln.

Ein erster bemerkenswerter Befund nahezu aller Studien ist, dass Politiker in den Massenmedien nonverbal überwiegend positiv dargestellt werden. Dies gilt besonders für Fernsehbilder (Coleman und Banning 2006; Grabe und Bucy 2009; Sülflow und Esser 2014a), aber tendenziell auch für Pressefotos (Moriarty und Popovich, Waldman und Devitt 1998). Die visuelle Darstellung von Politikern ist deshalb auch meist deutlich positiver als ihre verbale Darstellung im selben Zeitraum (Petersen und Jandura 2004; Sülflow und Esser 2014a). Dies kann man vor allem darauf zurückführen, dass Politiker mittlerweile in ihrem nonverbalen Verhalten geschult werden und darauf achten, dass möglichst wenig ungünstige Bilder von ihnen in Umlauf geraten. Zugleich zeigt sich vor allem in den deutschen Medien aber auch ein Zusammenhang zwischen der Tendenz der journalistischen Texte und der Tendenz der sie begleitenden Bilder. So wählen deutsche Journalisten zu einem negativen Textbeitrag besonders häufig auch negative Bilder aus, während dies für amerikanische Journalisten weit weniger gilt. Unterschiede in der Tendenz von verbalen und visuellen Informationen, so genannte Text-Bild-Scheren, treten

4.3 Nonverbale Politikerdarstellungen in den Massenmedien

fast ausschließlich dann auf, wenn eine positive nonverbale Darstellung mit einem negativen Kommentar versehen wird (Petersen und Jandura 2004; Sülflow und Esser 2014a).

Zwar werden nicht alle Politiker gleichermaßen positiv dargestellt. Diese Unterschiede sind jedoch eher auf Eigenarten der Kandidaten oder der jeweiligen Wahlkämpfe als auf systematische Ungleichgewichte zurückzuführen. So belegen Moriarty und Popovich (1991) für amerikanische Nachrichtenmagazine im Präsidentschaftswahlkampf 1988 eine positivere nonverbale Darstellung des republikanischen Kandidaten Bush gegenüber seinem Herausforderer Dukakis, die vor allem dadurch verursacht war, dass er häufiger mit optimistischer Gestik und in Interaktionen mit einem zustimmenden Publikum gezeigt wurde. Dagegen profitierte acht Jahre später der demokratische Kandidat Clinton davon, dass er in amerikanischen Tageszeitungen im Vergleich zu seinem Herausforderer Dole häufiger positiv dargestellt wurde. Für den darauf folgenden Präsidentschaftswahlkampf belegen Coleman und Banning (2006) wiederum eine positivere Darstellung des demokratischen Kandidaten Gore gegenüber seinem Herausforderer Bush in den amerikanischen Fernsehnachrichten. In der aufwändigsten Studie dieser Art verglichen Grabe und Bucy (2009) das visuelle Framing der Kandidaten in den Präsidentschaftswahlkämpfen 1992 bis 2004. Sie unterschieden dabei erstens zwischen drei Frames: Der Darstellung als idealer Kandidat, als populistischer Wahlkämpfer und als sicherer Verlierer (ausführlich Kap. 4.1.2). Dabei zeigt sich, dass die republikanischen Kandidaten in den amerikanischen Fernsehnachrichten in der Regel eher als idealer Kandidat, die demokratischen dagegen eher als populistischer Wahlkämpfer dargestellt wurden. Darüber hinaus erfassten die Autoren auch die Darstellung der Emotionen der Politiker. Dabei unterschieden sie grob zwischen den positiven Emotionen Freude und Ruhe (hedonic display) sowie den negativen Emotionen Furcht und Ärger (agonic display). Indikatoren für die Emotionen waren jeweils verschiedene Elemente von Gestik und Mimik, die auf den Fernsehbildern erkennbar waren. Ihre Analysen zeigen zunächst den erwartbaren Befund, dass die Kandidaten, die in einem Wahlkampf zurücklagen, häufiger in negativer Stimmung gezeigt wurden. Allerdings zeigen sich im Detail bemerkenswerte Unterschiede: So galten diese Befunde zwar eindeutig für die republikanischen Kandidaten, ihre demokratischen Kontrahenten wurden aber sogar etwas eher in positiver Stimmung gezeigt, wenn sie zurücklagen. Darüber hinaus hing es auch vom Format ab, welche Emotionen der Kandidaten zu sehen waren: In Interviews waren deutlich mehr positive Emotionen erkennbar als in Wahlkampfreden.

Auch in Inhaltsanalysen deutscher Medien sind Ungleichgewichte in der nonverbalen Darstellung der Kandidaten festgestellt worden. Für den Bundestagswahlkampf 1976 zeigte Kepplinger (1982), dass die Fernsehnachrichten in Berichten über den CDU-Kandidaten Kohl deutlich häufiger negative Publikumsreaktionen

(z. B. Pfiffe, ablehnende Transparente usw.) zeigten, als in Berichten über seinen SPD-Kontrahenten Schmidt. In abgeschwächter Form zeigte sich dies auch im Bundestagswahlkampf 1998, in dem die nonverbal dargestellten Publikumsreaktionen gegenüber Kohl wiederum etwas negativer ausfielen als im Falle seines Herausforderers Schröder (Kepplinger und Maurer 1999). In späteren Wahlkämpfen fielen die visuellen Darstellungen der Kanzlerkandidaten dagegen vergleichsweise ähnlich aus: SPD-Kanzler Schröder wurde weder im Bundestagswahlkampf 2002, noch im Bundestagswahlkampf 2005 nonverbal deutlich anders dargestellt als seine jeweiligen Herausforderer (Petersen und Jandura 2004; Holtz-Bacha und Koch 2008; Ballensiefen 2009).

Eine Besonderheit stellt wiederum die nonverbale Kandidatendarstellung in Fernsehdebatten dar. Da die Sendungen live übertragen und besonders vorteilhafte oder unvorteilhafte nonverbale Darstellungstechniken vorab untersagt werden, ist das dargestellte nonverbale Verhalten scheinbar stärker als z. B. in Fernsehnachrichtenbeiträgen vom realen Verhalten der Teilnehmer geprägt. In einer aufwändigen Untersuchung haben Maurer et al. (2007) sekundengenau erfasst, welche Elemente des nonverbalen Verhaltens im Fernsehduell zwischen Gerhard Schröder und Angela Merkel vor der Bundestagswahl 2005 zu sehen waren. Sie zeigen unter anderem, dass beide Kandidaten nur in einem geringen Teil ihrer Redezeit direkten Blickkontakt mit der Kamera aufnahmen (Schröder: 4 %, Merkel: 8 %) oder lächelten (Schröder: 5 %, Merkel: 3 %). Im Duell war überwiegend der sprechende Kandidat alleine in der Halbnahen zu sehen. In solchen Einstellungen war überwiegend keine Gestik der Kandidaten erkennbar. In einigen Sequenzen wählte die Regie dagegen eine Einstellungsgröße, die beide Kandidaten zeigte. Hier erhöhte sich der Anteil der sichtbaren Gestik erheblich (Schröder: 76 %, Merkel: 65 %). Diese Befunde machen deutlich, wie das dargestellte nonverbale Verhalten im Zusammenspiel zwischen realem Verhalten und Einstellungsgrößen entsteht: Offensichtlich war die Gestik beider Kandidaten aufgrund der überwiegend gewählten Einstellungsgröße meist nicht zu sehen. In eine ähnliche Richtung weisen auch Analysen zur nonverbalen Kommentierung durch den zuhörenden Kandidaten: In rund 14 % der Duell-Übertragung entschied sich die Regie für eine Kameraeinstellung, in der einer der beiden Kandidaten dabei gezeigt wurde, wie er der Argumentation seines Kontrahenten folgte. Dabei waren in etwa der Hälfte der betreffenden Zeit nonverbale Reaktionen auf das Gesagte sichtbar, die fast ausschließlich negativ ausfielen (Kopfschütteln, Stirnrunzeln usw.). Man kann folglich annehmen, dass die Kandidaten die Argumentation ihres Kontrahenten auch in der Zeit nonverbal kommentierten, als dies von der Kamera nicht eingefangen wurde.

Rezeptionsanalysen: Eigenschaften von Politikern im Bild

Wir haben bereits deutlich gemacht, dass sich Rezeptionsanalysen von klassischen Inhaltsanalysen dadurch unterscheiden, dass die Codierer keine Anweisungen erhalten, sondern spontan beurteilen sollen, welche Eigenschaften von Politikern in einem Medienbeitrag erkennbar sind und ob diese Eigenschaften eher verbal oder eher visuell vermittelt werden (Kap. 4.1.2). Solche Untersuchungen sind bislang nur für die Fernsehnachrichten in den Bundestagswahlkämpfen 1990, 1998, 2002 und 2009 durchgeführt worden (im Überblick Kepplinger 2010). In allen vier Wahljahren wurde dabei die Erkennbarkeit von 13 Persönlichkeitseigenschaften erfasst, die in der ersten Untersuchung 1990 einen besonders starken Einfluss auf den Gesamteindruck von den Kandidaten hatten und folglich als besonders relevant gelten können. Die Analysen zeigen zunächst, welche Eigenschaften von Politikern eher visuell und welche Eigenschaften eher verbal vermittelt werden. Dabei war überwiegend visuell erkennbar, ob ein Kandidat unbeherrscht, unsicher, sympathisch, rücksichtslos und vertrauenswürdig ist sowie ob er gute Kontakte und viel Erfahrung hat. Eher verbal erkennbar war dagegen, ob ein Kandidat mit den anstehenden Problemen fertig wird, ob er sozial ist, ob er vor allem an sich denkt, ob er sich vor Entscheidungen drückt und ob er langfristig denkt und plant. Insgesamt waren verbale Informationen etwas häufiger erkennbar als visuelle. Betrachtet man die Veränderungen dieses Verhältnisses im Zeitverlauf, zeigt sich zunächst kein linearer Trend. Fasst man jedoch die ersten und die letzten beiden untersuchten Wahlen zusammen, wird erkennbar, dass die Fernsehzuschauer tendenziell zunehmend visuelle Eindrücke von den Kandidaten erhielten (Kepplinger 2010). Beiträge mit visuellen Informationen vermittelten insgesamt einen deutlich positiveren Eindruck von den Kandidaten als Beiträge ohne visuelle Informationen. Allerdings profitierten einige Kandidaten von visuellen Informationen deutlich stärker als andere. Dies galt insbesondere im Bundestagswahlkampf 1998 für Gerhard Schröder im Vergleich zu seinem Herausforderer Helmut Kohl. Diese Befunde zeigen zwar, dass ein großer Teil der Informationen, die die Zuschauer beim Ansehen von Fernsehnachrichten über Politiker erhalten, visuell vermittelt wird. Dies sagt aber noch nichts darüber aus, ob sie diese Informationen auch zur Meinungsbildung über die Politiker heranziehen. Um dies zu prüfen, wurde in einigen Rezeptionsanalysen auch der Einfluss der visuell und verbal vermittelten Informationen auf den ebenfalls spontan erfassten Gesamteindruck berechnet, den die Fernsehnachrichten bei den Codierern hinterließen. Dabei zeigte sich, dass verbale Informationen die Gesamteindrücke der Zuschauer insgesamt jeweils stärker erklärten als visuelle Informationen. Dies galt insbesondere für den verbal vermittelten Eindruck, ein Kandidat könne die anstehenden Probleme lösen, der fast durchweg den stärksten Einfluss auf den Gesamteindruck hatte (Maurer und Kepplinger 2003). Diesen Befund könnte man als Hinweis darauf betrachten, dass verbale Kommunikation einen höheren Informationsgehalt aufweist als nonverbale Kommunikation. Die Tatsache, dass die Fernsehnachrichten fortwährend visuelle Eindrücke von den dargestellten Politikern vermitteln, führt folglich noch nicht zwangsläufig dazu, dass diese Eindrücke einen starken Einfluss auf die politische Meinungsbildung haben. Relevant ist vielmehr, ob die visuellen Informationen den Zuschauern solche Eindrücke vermitteln, die sie bewusst oder unbewusst für ihre Meinungsbildung heranziehen.

Der Informationsgehalt verbaler und nonverbaler Kommunikation
In einem Klassiker der frühen Kommunikationsforschung entwickelt einer ihrer Pioniere, Howard D. Lasswell (1942), die Idee, man könne die Wirkung verbaler und nonverbaler Kommunikation nicht miteinander vergleichen, weil man nicht wisse, wie man den Inhalt von hundert Wörtern mit einem bestimmten Umfang an Bildberichterstattung gleichsetzen könne. Lasswell unterstellt also, dass verbale und nonverbale Kommunikation einen unterschiedlichen Informationsgehalt haben, ohne dass näher bestimmt wird, wie man den Informationsgehalt definieren oder messen kann. Die Frage des Informationsgehalts ist jedoch vermutlich ein entscheidender Faktor im Wirkungsverhältnis von verbaler und nonverbaler Kommunikation. Wie wir später sehen werden (Kap. 7), kann man Wirkungsstudien, die natürliche Medienstimuli verwenden, von solchen unterscheiden, die den Informationsgehalt verbaler und nonverbaler Kommunikation künstlich angleichen. Je nach Vorgehensweise unterscheiden sich die Befunde der Studien dann erheblich voneinander. In einem ersten Definitionsversuch könnte man den Informationsgehalt eines Kommunikationskanals dann als hoch betrachten, wenn er viele Informationen enthält, die für die menschliche Meinungsbildung relevant sind. Eine Möglichkeit, dies zu messen, ist die Rezeptionsanalyse. Sie zeigt z. B., dass Fernsehnachrichten zwar fortwährend Bilder von Politikern liefern, von den urteilsrelevanten Eigenschaften der Politiker aber dennoch häufiger verbale als nonverbale Eindrücke vermitteln. Zudem beeinflussen die verbal vermittelten Eindrücke den Gesamteindruck, den die Berichte hinterlassen, stärker als die nonverbal vermittelten (Maurer und Kepplinger 2003). Eine andere Operationalisierung wählte Staab (1998). Er verglich die Informationsleistung von Wort und Bild in den Fernsehnachrichten anhand von faktischen Informationen über den zuvor als relevant

definierten inhaltlichen Kern einer Nachricht: Thema, Akteure, Ereignisregion usw. Seine Befunde zeigen, dass diese Informationen bei weitem überwiegend verbal vermittelt werden und anhand von Fernsehbildern alleine praktisch nicht erkennbar sind. Auch wenn sich die Fragestellungen beider Studien unterscheiden, legen beide folglich den Schluss nahe, dass verbale Kommunikation einen größeren Informationsgehalt aufweist als nonverbale. Allerdings besteht zu dieser Frage noch erheblicher Forschungsbedarf.

Die Wahrnehmung verbaler und nonverbaler Kommunikation

5

Zusammenfassung

In diesem Kapitel diskutieren wir eine Reihe von Theorien und Befunden zur Wahrnehmung verbaler und nonverbaler Informationen. Im ersten Abschnitt erläutern wir zunächst allgemein, was wir unter der Wahrnehmung von Informationen verstehen wollen. Danach befassen wir uns mit der Aufmerksamkeit für verbale und nonverbale Signale. Dabei diskutieren wir den Visual Dominance-Effekt, den McGurk-Effekt sowie Befunde von neurowissenschaftlichen Studien und Eyetracking-Analysen, die zeigen, dass Menschen zuerst nonverbale Signale wahrnehmen, bevor sie sich verbalen Signalen zuwenden. Im dritten Abschnitt geht es uns um die Frage, wie Menschen verbale und nonverbale Signale verarbeiten und welche davon ihnen eher im Gedächtnis bleiben. Dabei diskutieren wir die Dual Coding-Theorie und das Elaboration Likelihood Model (ELM), das unter anderem auch Aussagen über die Randbedingungen der Verarbeitung verbaler und nonverbaler Kommunikation macht.

5.1 Wahrnehmung, Verarbeitung, Erinnerung: Definitionen

Wir haben bereits in unserem eingangs diskutierten Analysemodell deutlich gemacht, dass die Wahrnehmung des nonverbalen Verhaltens von Politikern eine wichtige intervenierende Variable im Prozess der Meinungsbildung ist (Kap. 2.2). Bevor wir uns mit der Frage beschäftigen, wie Menschen verbale und nonverbale Informationen wahrnehmen und welche Rolle ihre Prädispositionen dabei spielen, wollen wir in diesem Abschnitt zunächst einige grundlegende Begriffe diskutieren (vgl. zum Folgenden im Überblick z. B. Anderson 2007).

Als *Wahrnehmung* bezeichnet man allgemein die Informationsaufnahme eines Lebewesens über seine Sinne. Wir müssen an dieser Stelle folglich zwischen dem Kanal, über den eine Botschaft gesendet wird (verbale, visuelle und vokale Kommunikation), und dem Kanal, über den sie aufgenommen wird, trennen. Im letzteren Fall unterscheidet man zwischen der auditiven und der visuellen Wahrnehmung. Dabei kann sich die visuelle Wahrnehmung auf verbale (geschriebene Texte) oder visuelle (Bilder) Informationen beziehen. Die auditive Wahrnehmung schließt sowohl verbale (gesprochene Texte), als auch vokale Kommunikation ein.

In vielen Definitionen wird der Begriff Wahrnehmung als Überbegriff betrachtet, der die Schritte 1) Zuwendung zu einzelnen Informationen sowie 2) Verarbeitung und 3) Interpretation der Informationen beinhaltet. Am Beginn dieses mehrstufigen Prozesses steht demnach die *Zuwendung* zu bestimmten Informationen. Sie kann die Folge von bewussten Entscheidungen und damit vom Rezipienten mehr oder weniger willentlich gesteuert sein. Vielfach wenden sich Menschen jedoch unbewusst bestimmten Informationen zu, weil diese ihre Aufmerksamkeit durch besondere Merkmale auf sich ziehen. Relevante Merkmale können hier die z. B. die Größe, die Platzierung oder die Lautstärke eines Reizes sein. Die Aufmerksamkeit der Rezipienten ist folglich selektiv: Sie können nicht gegenüber allen Reizen gleichermaßen aufmerksam sein. Gegenüber welchen Reizen sie besonders aufmerksam sind, hängt von individuellen Prädispositionen der Rezipienten ab. Dazu gehören ihre Motive, Informationen zu nutzen (z. B. um sich zu informieren oder sich zu unterhalten) oder auch ihre Voreinstellungen gegenüber dem Thema oder der Person, die Gegenstand einer Information ist. Solche Prädispositionen entscheiden auch darüber, ob sich Menschen in einer bestimmten Situation eher verbalen oder eher nonverbalen Informationen zuwenden (Kap. 5.3).

Unter *Informationsverarbeitung* versteht man im Wesentlichen einen Prozess, in dem die Rezipienten die aufgenommenen Informationen mit bestehenden Kenntnissen oder Einstellungen vergleichen. Er sorgt dafür, dass sich die Rezipienten nicht alle neuen Informationen unmittelbar zu eigen machen oder zur Meinungsbildung heranziehen. Vielmehr werden vor allem solche Informationen zügig in die eigene Vorstellungswelt integriert, die bereits bestehende Kenntnisse oder Urteile bestätigen. Auch wenn Rezipienten sich zu einem Thema oder einer Person noch kein Urteil gebildet haben, werden sie mit hoher Wahrscheinlichkeit durch die neuen Informationen beeinflusst. Ob neue Informationen bereits bestehende Urteile verändern, hängt davon ab, wie intensiv ein Rezipient die neuen Informationen verarbeitet. Bei einer intensiven Auseinandersetzung mit den Informationen erfolgt ein intensiver Abgleich, der in der Regel zugunsten der Voreinstellungen ausfällt. Bei einer oberflächlichen Auseinandersetzung mit den neuen Informationen, erfolgt kein Abgleich mit den Voreinstellungen, so dass Urteilsänderungen wesentlich wahrscheinlicher sind. Auch die Informationsverarbeitung ist folglich selektiv: Nicht alle Informationen schlagen sich gleichermaßen in der Meinungsbildung nieder. Ob dies der Fall ist, hängt ebenfalls von verschiedenen Prädispositionen der Rezipienten ab, insbesondere ihren Voreinstellungen und ihrem individuellen Involvement, also ihrem Willen und ihrer Fähigkeit die jeweiligen Informationen intensiv zu verarbeiten. Das Involvement der Rezipienten entscheidet auch darüber, welche Rolle verbale und nonverbale Informationen für die Meinungsbildung spielen (Kap. 5.3).

Die *Interpretation* der Informationen haben wir in einem früheren Kapitel (Kap. 2.1) bereits als Decodierung oder Entschlüsselung von kommunikativen Signalen behandelt. Wir haben dabei deutlich gemacht, dass unterschiedliche Rezipienten identische Botschaften unterschiedlich interpretieren und dass dies für nonverbale Signale noch stärker gilt als für verbale Signale. Allerdings erfolgt die Interpretation nicht willkürlich, sondern lässt sich ebenfalls auf Prädispositionen der Rezipienten zurückführen, z. B. ihre Voreinstellungen gegenüber dem Gegenstand einer Information. So kann man z. B. annehmen, dass Rezipienten, die einen Politiker mögen, zweideutige visuelle Signale eher zu seinen Gunsten interpretieren als Menschen, die ihn nicht mögen.

Von der Wahrnehmung der Informationen mit ihren drei Teilkomponenten Zuwendung, Verarbeitung und Interpretation ist die *Erinnerung* an Informationen zu unterscheiden. Während die Wahrnehmung die Rezeption von Informationen und die dabei unmittelbar ablaufenden Prozesse beschreibt, versteht man unter Erinnerung die Rekonstruktion der im Gehirn abgespeicherten Informationen zu einem späteren Zeitpunkt. In den meisten experimentellen Studien zur Erinnerung an Informationen werden sehr kurzfristige Erinnerungen unmittelbar nach Ende der Kommunikationssituation erfasst. Solche Studien zeigen, dass auch die Erinnerung an Informationen selektiv ist. So können sich die Rezipienten z. B. selbst unmittelbar nach dem Ansehen einer Fernsehnachrichtensendung nur noch an wenige der gesehenen Beiträge erinnern. Die dort präsentierten Argumente sind ihnen noch weniger präsent. Dabei erinnern sich die Rezipienten vor allem an Beiträge über Themen, die sie schon zuvor für wichtig hielten, und an Argumente, die sie schon zuvor geteilt haben (z. B. Kepplinger und Daschmann 1997). Dieselben Prädispositionen, die die Wahrnehmung der Informationen beeinflussen, prägen folglich auch die Erinnerung daran. Darüber hinaus werden wir in einem späteren Kapitel aber auch sehen, dass einiges dafür spricht, dass nonverbale Informationen – unabhängig von den Prädispositionen der Rezipienten – besser erinnert werden als verbale (Kap. 5.3).

5.2 Zuwendung zu Informationen: Die Anziehungskraft nonverbaler Kommunikation

Im Jahre 1974 machte der amerikanische Psychologe Francis B. Colavita eine bemerkenswerte Entdeckung: Er präsentierte einer Reihe von Probanden verbale (Ton) und nonverbale (Licht) Signale und bat sie, immer wenn sie ein solches Signal wahrnehmen, auf einen dementsprechenden Knopf für Ton oder Licht zu drücken. Die Signale erschienen in der Regel einzeln, in einigen Fällen, die den Versuchspersonen gegenüber als Versehen bezeichnet wurden, aber auch gemeinsam. Wenn die Signale einzeln auftraten, erkannten die Probanden das Auftreten verbaler und nonverbaler Signale in etwa mit der gleichen Geschwindigkeit. Wenn verbale und nonverbale Signale gemeinsam auftraten, drückten die meisten Probanden aber nur den Knopf für das Licht-Signal. Offensichtlich zog das Licht ihre Aufmerksamkeit so sehr auf sich, dass sie den Ton gar nicht wahrnahmen. Dieses Phänomen bezeichnet man als den *Visual Dominance-Effekt* (Colavita 1974). Colavitas Experiment wurde unter anderem deshalb kritisiert, weil die Versuchspersonen keinen eigenen Knopf für das gemeinsame Auftreten von Ton und Licht zur Verfügung hatten und auch keine Anweisungen erhielten, wie sie sich in einem solchen Fall verhalten sollten. Zudem handelt es sich bei Ton- und Lichtsignalen um Stimuli von sehr geringer Komplexität, die nur eine sehr geringe Aufmerksamkeit verlangen. Nachfolgestudien haben deshalb versucht, den Effekt mit Hilfe von Bildern und länger andauernden Geräuschen zu replizieren. Zudem wurde den Probanden eine dritte Taste zur Verfügung gestellt, die sie drücken sollten, wenn Bild und Geräusch simultan erschienen. Dies reduzierte den Visual Dominance-Effekt zwar, eliminierte ihn aber nicht vollständig (z. B. Sinnett et al. 2007).

Zwei Jahre nach der Veröffentlichung der ersten Befunde zum Visual Dominance-Effekt entdeckten McGurk und McDonald (1976) mehr oder weniger zufällig ein sehr ähnliches Phänomen, das seitdem als *McGurk-Effekt* bekannt ist. Sie zeigten den Probanden in einem Experiment Videoaufnahmen von einer Person, die z. B. die Silbe ‚ga' aussprach. Auf der Tonspur des Videos war dagegen die Silbe ‚ba' zu hören. Die Probanden sollten die Silbe benennen, die sie hörten. Eine deutliche Mehrheit von ihnen gab an, nicht ‚ba', sondern ‚da' zu hören, also eine dritte Silbe, die weder ausgesprochen wurde, noch zu sehen war. Selbst in einer Aufgabe, in der die Probanden eindeutig darum gebeten werden, ihre auditiv gewonnen Eindrücke abzugeben, wird ihre Wahrnehmung der verbalen Stimuli folglich von ihren visuellen Eindrücken beeinflusst, in diesem Fall von ihren Beobachtungen der Mundbewegungen des Sprechers. Der Effekt ist mittlerweile in mehreren Sprachen, z. B. auch der deutschen, nachgewiesen worden. Er lässt sich unter anderem dadurch verringern, dass die Versuchspersonen durch ein anderes

5.2 Zuwendung zu Informationen

visuelles Signal so abgelenkt werden, dass sie die Mundbewegungen des Sprechers nicht mehr vollständig verfolgen können (Tiippana et al. 2004). Auf diese Weise lässt sich vermutlich auch erklären, warum der Effekt bei Japanern und Chinesen deutlich seltener auftritt als in westlichen Ländern: In diesen Kulturen ist es unüblich, seinem Gegenüber ins Gesicht zu sehen.

Beide Effekte deuten darauf hin, dass visuelle Informationen die Aufmerksamkeit von Rezipienten stärker auf sich ziehen als verbale Informationen: Sie setzen sich im Zweifelsfall durch, wenn es den Rezipienten überlassen bleibt, worauf sie achten wollen. Und sie beeinflussen die Wahrnehmung selbst dann, wenn die Rezipienten ausdrücklich angewiesen werden, nur auf die verbalen Informationen zu achten. Allerdings stellt sich die Frage, ob sich beide Effekte ohne weiteres auf die politische Kommunikation übertragen lassen. Bedeutet die Tatsache, dass Menschen gegenüber Lichtsignalen und Mundbewegungen aufmerksamer sind als gegenüber einzelnen Tönen oder gesprochenen Silben, dass sie auch in komplexen, längeren Kommunikationssituationen wie Politikerauftritten im Fernsehen eher auf nonverbale Signale achten, als auf den verbal vermittelten Kommunikationsinhalt? Die Befunde zum Visual Dominance- und zum McGurk-Effekt auf längere Kommunikationssituationen zu übertragen, ist allerdings mit erheblichen methodischen Problemen verbunden, weil man die Versuchspersonen nicht erst nach Ende einer längeren Kommunikationssituation danach fragen kann, welche verbalen und nonverbalen Stimuli sie wahrgenommen haben. In diesem Fall würde man nicht nur die Wahrnehmung der Probanden messen, sondern auch ihre Erinnerung an die verschiedenen Stimuli. Man könnte folglich nicht mehr unterscheiden, ob sich ihre Aufmerksamkeit tatsächlich stärker auf nonverbale Informationen gerichtet hat oder ob sie sich nur besser an diese erinnern. Die Lösung für dieses Problem sind so genannte rezeptionsbegleitende Messungen. Damit sind alle Analyseverfahren gemeint, die kontinuierliche Messungen *während* der Rezeption von verbalen und nonverbalen Stimuli ermöglichen. Zur Analyse der Aufmerksamkeit für komplexe verbale und nonverbale Signale, wie sie in der politischen Kommunikation der Regelfall sind, eignen sich dabei insbesondere verschiedene bildgebende Verfahren, die in den Neurowissenschaften eingesetzt werden, und die Blickverlaufsanalyse (Eyetracking).

Mit Hilfe von neurowissenschaftlichen Verfahren wie der *Elektroenzephalografie (EEG)* oder der *funktionellen Magnetresonanztomografie (fMRT)* lassen sich unter anderem Hirnaktivitäten messen. Beim EEG messen Elektroden, die am Kopf angebracht werden, die Spannung der Kopfoberfläche. Beim fMRT werden Durchblutungsveränderungen im Körper sichtbar gemacht, die im Zusammenhang mit Stoffwechselveränderungen stehen und deshalb wiederum bestimmte neuronale Aktivitäten signalisieren. Obwohl beide Verfahren technisch sehr unterschiedlich funktionieren, lassen sich mit ihrer Hilfe mit hoher Sicherheit Schlüsse darauf ziehen, welche Hirnregionen durch welche Art von Reizen aktiviert werden. Mit Hilfe solcher Analysen lässt sich z. B. rekonstruieren, welchen Weg audiovisuelle Informationen durch das Gehirn nehmen und wo sie verarbeitet werden. Dabei spricht vieles dafür, dass verbale und visuelle Informationen zumindest teilweise in unterschiedlichen Hirnregionen verarbeitet werden: Bilder im so genannten visuellen Cortex, Töne im auditiven Cortex. Die frühe Hirnforschung, die darauf angewiesen war, aus den Defiziten von Menschen mit beschädigtem Gehirn auf die Funktionen einzelner Hirnareale zu schließen, ging dabei noch von einer klaren Trennung in zwei Hirnhälften (Hemisphären) mit unterschiedlichen Funktionen aus. Dabei wurde vermutet, dass die rechte Hemisphäre für die nonverbale Wahrnehmung, z. B. das Erkennen von Gesichtern und die Verarbeitung der vokalen Komponente der Sprache zuständig ist, während die linke Hemisphäre für das inhaltliche Sprachverstehen und die Sprachproduktion verantwortlich ist. Neuere, mit Hilfe der oben skizzierten apparativen Verfahren gewonnene Erkenntnisse, relativieren diese Befunde allerdings etwas, weil sie nahelegen, dass an vielen Funktionen des Gehirns mehrere Hirnareale gleichzeitig beteiligt sind und umgekehrt einzelne Hirnareale auch mehrere Funktionen übernehmen können (zusammenfassend z. B. Roth 2005). Von den vielfältigen Erkenntnissen der modernen Hirnforschung interessiert uns hier vor allem, ob verbale oder nonverbale Informationen grundsätzlich schneller wahrgenommen werden. Neurowissenschaftliche Studien zeigen, dass das bewusste Erkennen von Tönen rund 500 ms dauert (Libet 1991). Um dagegen ein Gesicht als solches zu erkennen, benötigen Menschen nur rund 50 ms. Wir können folglich davon ausgehen, dass bei der Rezeption von audiovisuellen Stimuli die visuelle Komponente schneller wahrgenommen wird als die auditive. Die hohe Wahrnehmungsgeschwindigkeit spricht zudem dafür, dass sie weitgehend unbewusst wahrgenommen werden, weil diese Zeit für eine bewusste Wahrnehmung nicht ausreichen dürfte (Barry 2005).

Eyetracking-Analysen erfassen die Blickrichtung und den Blickverlauf von Menschen, z. B. während der Medienrezeption. Dabei kann es sich um das Lesen von Tageszeitungen oder Online-Medien handeln, aber auch um das Betrachten von Wahlplakaten oder Politikerauftritten im Fernsehen. Bei Untersuchungen zur Medienrezeption werden in der Regel fest installierte Eyetracking-Systeme verwendet. Die Probanden sitzen dann in einem Forschungslabor z. B. vor einem Computerbildschirm, unter dem sich eine möglichst unauffällige Leiste befindet, die ihre Blicke aufzeichnet. Blickaufzeichnungen lassen sich in zwei Phasen erheben: Phasen, in denen der Blick ruht (Fixationen), und Phasen, in denen sich die Blickrichtung verändert (Sakkaden). Kombiniert man beide, lässt sich auch der exakte Blickverlauf, der so genannte Scanpath rekonstruieren. Eyetracking-Analysen

5.2 Zuwendung zu Informationen

erfassen deshalb meist zwei zentrale Indikatoren: Erstens geht es darum, welchen Kommunikationselementen (z. B. Bild- oder Textelemente) sich die Rezipienten *zuerst* zuwenden. Dabei geht man in der Regel davon aus, dass das Aufmerksamkeitspotenzial eines Kommunikationselements umso größer ist, je früher es fixiert wird. Zweitens wird erfasst, *wie lange* die Rezipienten einzelne Kommunikationselemente betrachten. Auch hier nimmt man an, dass eine längere Betrachtungszeit für ein größeres Aufmerksamkeitspotenzial spricht. Beiden Annahmen liegt die so genannte *Eye-Mind-Hypothese* zugrunde, die besagt, dass die Reihenfolge und die Dauer der Betrachtung mit der Reihenfolge und der Dauer der Wahrnehmung übereinstimmen (z. B. Just und Carpenter 1980). Diese Gleichsetzung von Betrachtungszeit und Wahrnehmung ist eine mehr oder weniger notwendige Voraussetzung für die Validität von Eyetracking-Messungen. Allerdings ist sie nicht unumstritten. So kann man z. B. annehmen, dass die Rezipienten peripher auch Kommunikationselemente wahrnehmen, die sie nicht direkt fixieren, oder umgekehrt Kommunikationselemente beiläufig fixieren, ohne sie wahrzunehmen.

Einer der am besten abgesicherten Befunde von Eyetracking-Studien ist, dass die Rezipienten sich in der Regel zuerst Bildern zuwenden, bevor sie Texte wahrnehmen. Das zeigt sich insbesondere, wenn es um die Betrachtung von Wahlplakaten geht, die in der Regel einen sehr hohen Bildanteil haben (Geise 2011). Es gilt aber auch für gedruckte Tageszeitungen und – wenn auch weniger eindeutig – für Online-Medien (Bucher und Schumacher 2006; Leckner 2012). Dabei kann man zusätzlich eine Reihe von Randbedingungen unterscheiden: Bilder werden umso schneller wahrgenommen, je größer sie sind. Bilder in der oberen Hälfte einer Tageszeitung oder Webseite werden schneller wahrgenommen als Bilder in der unteren Hälfte. Fotos, insbesondere Fotos, die Personen zeigen, werden schneller wahrgenommen als z. B. Infografiken (zusammenfassend Leckner 2012). Weniger eindeutig sind die Befunde dazu, wie lange die Rezipienten Bilder und Texte betrachten. Dies liegt allerdings in der Natur der Sache, weil sich der Inhalt von Bildern vergleichsweise schnell erschließt, während die nötige Betrachtungsdauer bis zum Verständnis des Textinhalts in erheblicher Weise von der Länge des Textes abhängt. Ob Bilder oder Texte länger betrachtet werden, hängt folglich maßgeblich vom Text-Bild-Verhältnis ab. So wird bei Wahlplakaten zwar das Bild länger betrachtet als ein plakativer verbaler Slogan. Wird der Slogan aber um einen kurzen Text ergänzt, verschiebt sich das Aufmerksamkeitsverhältnis zugunsten der verbalen Informationen (Geise 2011, S. 231 ff.). In gedruckten Tageszeitungen und Online-Nachrichtenmedien werden Bilder ähnlich lang betrachtet wie die Überschriften zu den Artikeln, aber deutlich kürzer als die Artikel selbst (Leckner 2012). Auch Einflüsse von Rezipientenmerkmalen auf die Betrachtungsdauer wurden in einigen Studien untersucht. Dabei zeigen sich kaum Einflüsse von soziode-

5 Die Wahrnehmung verbaler und nonverbaler Kommunikation

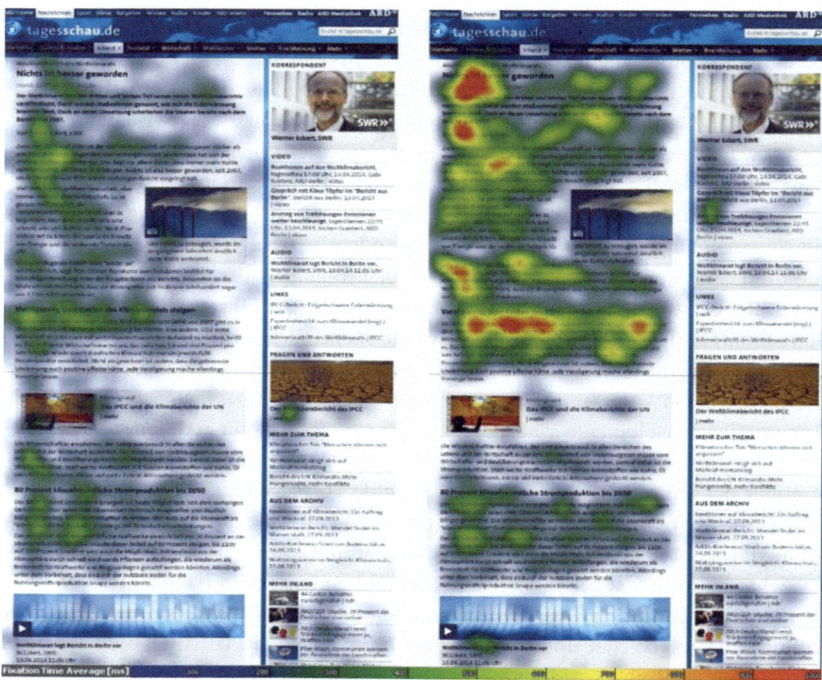

Abb. 5.1 Eyetracking-Analyse der Blickdauer auf verbale und visuelle Informationen bei gering (*links*) und hoch involvierten (*rechts*) Probanden. (Quelle: Haßler et al. 2015)

mografischen Merkmalen wie Alter, Bildung und Geschlecht. Allerdings wird die Betrachtungsdauer stark vom Involvement der Rezipienten geprägt: Rezipienten mit hohem Involvement betrachten die Texte, nicht aber die Bilder, deutlich länger als Rezipienten mit niedrigem Involvement (Haßler et al. 2015). Abbildung 7 zeigt dies am Beispiel der Betrachtungsdauer einer Nachrichtenwebseite. Dabei signalisieren rote Punkte eine besonders lange Betrachtungsdauer (Abb. 5.1).

In einigen Studien wurden zuletzt auch Eyetracking-Analysen von bewegten Fernsehbildern durchgeführt. Werden den Probanden Bilder von sprechenden Personen gezeigt, können solche Analysen auch detaillierte Auskünfte darüber geben, welche einzelnen Elemente nonverbaler Kommunikation die Aufmerksamkeit der Rezipienten besonders stark auf sich ziehen. Die Studien zeigen, dass Menschen während Gesprächen mit anderen vor allem auf die Mimik ihrer Gesprächspartner achten und deshalb nur selten auch ihre Gestik wahrnehmen. Dies gilt weitgehend unabhängig davon, ob die Gespräche direkt oder durch audiovisuelle Medien vermittelt stattfinden (Gullberg und Holmqvist 2006).

Wenn wir diese Befunde noch einmal zusammenfassend betrachten, wird deutlich, dass Bilder die menschliche Aufmerksamkeit insgesamt stärker auf sich ziehen als Texte. Sie werden früher wahrgenommen, und zwar unabhängig davon, ob es sich um audiovisuell vermittelte Informationen oder um Informationen aus Printmedien handelt. Aus der Wirkungsperspektive, die wir später einnehmen wollen (Kap. 6 und 7), ist dies vor allem deshalb relevant, weil man annehmen kann, dass ihnen dies einen Wirkungsvorsprung verschafft. Die Wahrnehmung der visuellen Informationen würde demnach die erst etwas später einsetzende Wahrnehmung der verbalen Informationen beeinflussen. Vereinfacht ausgedrückt würde dies z. B. bedeuten, dass ein Zeitungsfoto, das einen unsympathischen Eindruck von einem Politiker hinterlässt, den Politiker auch im dazugehörigen Text mit hoher Wahrscheinlichkeit unsympathisch erscheinen lässt, weil der Interpretationsrahmen durch das zuerst wahrgenommene Bild bereits gesetzt ist.

5.3 Informationsverarbeitung: Dual Coding-Theorie und Elaboration-Likelihood-Model

Wir haben im vorangegangenen Kapitel bereits deutlich gemacht, dass neurowissenschaftliche Befunde die Annahme nahelegen, dass verbale und visuelle Informationen nicht nur über unterschiedliche Sinnesorgane wahrgenommen, sondern zumindest partiell auch in unterschiedlichen Regionen des Gehirns verarbeitet werden. In diesem Kapitel wollen wir zwei psychologische Theorien zur menschlichen Informationsverarbeitung diskutieren, die mit diesen Befunden mehr oder weniger deutlich korrespondieren, die Mechanismen der Informationsverarbeitung aber aus einer sozialwissenschaftlichen Perspektive betrachten. Die Dual Coding-Theorie beschäftigt sich mit Unterschieden in der Erinnerung an verbale und nonverbale Informationen und erklärt diese durch die Art und Weise, wie die Informationen jeweils im Gehirn abgespeichert werden. Zwei-Prozess-Modelle der Informationsverarbeitung, von denen wir hier exemplarisch das Elaboration Likelihood-Model diskutieren wollen, unterscheiden zwei Routen der Informationsverarbeitung, auf denen verbale und nonverbale Informationen mit unterschiedlicher Wahrscheinlichkeit zur Meinungsbildung herangezogen werden.

Dual Coding-Theorie

Die Dual-Coding-Theorie wurde in den 1960er und 1970er Jahren von dem kanadischen Psychologen Allan Paivio entwickelt. Obwohl er damals noch nicht auf die Erkenntnisse der modernen Neurowissenschaften zurückgreifen konnte, kam er im Grunde zu sehr ähnlichen Überlegungen. Paivio (1971) ging davon aus, dass verbale und nonverbale Informationen in zwei unterschiedlichen, aber miteinander verbundenen Repräsentationssystemen verarbeitet und gespeichert werden. Das verbale System besteht dabei, vereinfacht ausgedrückt, aus wortartigen Strukturen, während das nonverbale System bildhafte Vorstellungen von Objekten enthält. Innerhalb des verbalen Systems lassen sich wiederum konkrete und abstrakte Wörter unterscheiden. Konkrete Wörter (z. B. Elefant) lassen sich mit eindeutigen Bildern verbinden, während abstrakte Wörter (z. B. Demokratie) keine direkte Verbindung zu Bildern zulassen. Die Grundannahme der Theorie besteht nun darin, dass nonverbale Informationen (z. B. ein Foto eines Elefanten) besser erinnert werden als inhaltsgleiche verbale Informationen (z. B. das Wort Elefant). Diesen Sachverhalt bezeichnet Paivio als *Picture Superiority Effect*. Zudem werden konkrete Wörter besser erinnert als abstrakte Wörter. Paivio begründet dies damit, dass nonverbale Informationen im Gehirn doppelt abgespeichert würden, nämlich im nonverbalen und im verbalen Repräsentationssystem. Verbale Informationen würden dagegen nur im verbalen System abgespeichert. Mit anderen Worten entsteht beim Ansehen des Bildes eines Elefanten zugleich auch die verbale Repräsentation Elefant. Beim Lesen des Wortes Elefant entsteht umgekehrt aber mit deutlich geringerer Wahrscheinlichkeit das Bild eines Elefanten. Beim Lesen des Wortes Demokratie entsteht schließlich überhaupt kein Bild. Die Tatsache, dass Bilder besser erinnert werden als bedeutungsgleiche Worte, ist mittlerweile in vielen experimentellen Studien gut belegt worden (im Überblick Sadoski und Paivio 2012). Ein ganz praktischer Beleg dafür sind im Übrigen auch Gedächtniskünstler, die sich Zahlen oder Worte in der Regel in Bilder(geschichten) umwandeln, weil sie sie sich so besser merken können. In jüngster Zeit sind darüber hinaus auch einige Versuche unternommen worden, die Dual Coding-Theorie mit den Mitteln der modernen Neurowissenschaften zu belegen. So sprechen z. B. auch Befunde von EEG-Studien dafür, dass konkrete und abstrakte Wörter unterschiedliche Gehirnregionen aktivieren (z. B. Welcome et al. 2011). Weitgehend spekulativ ist dagegen die Annahme, dass dies auf eine doppelte Codierung in den beiden Repräsentationssystemen hindeutet. Dieser Teil der Theorie kann im Grunde nicht empirisch geprüft werden und ist deshalb auch nach wie vor sehr umstritten. Darüber hinaus müssen wir uns zwei Einschränkungen der Theorie vor Augen halten: Erstens geht es hier ausschließlich um Einflüsse auf die Erinnerung an verbale und nonverbale Informationen. Die Überlegungen können folglich nicht ohne weiteres auf andere Kontexte wie z. B. die politische Meinungsbildung übertragen werden. Hier kann man zwar annehmen, dass Stimuli, an die sich die Rezipienten nicht mehr erinnern, auch kaum Einfluss auf ihre Meinungsbildung nehmen können. Umgekehrt muss aber nicht gelten, dass die Stimuli, an die sich die Rezipienten besser erinnern, auch einen starken Einfluss auf die Meinungsbildung haben. Zweitens gelten die

5.3 Informationsverarbeitung

Befunde zunächst einmal nur für verbale und nonverbale Stimuli, die einen exakt identischen Bedeutungsgehalt aufweisen (Wort: Elefant; Bild: Elefant). Dies ist in realen Kommunikationssituationen aber in der Regel nicht der Fall. Hier transportieren verbale und nonverbale Informationen meist völlig unterschiedliche Inhalte (ausführlicher Kap. 7). Ob man sich an diese erinnert, hängt dann nicht nur davon ab, in welchem Kanal sie transportiert werden, sondern auch davon, welche Relevanz der jeweilige Inhalt für die Rezipienten hat, wie gut er zu ihrem Vorwissen passt usw.

Ob unter natürlichen Bedingungen verbale oder nonverbale Medieninformationen besser erinnert werden, ist bislang vor allem in experimentellen Studien zur Erinnerung an Fernsehnachrichten untersucht worden. Ihre Befunde lassen sich grob in drei Schritten zusammenfassen: Erstens bestätigen sie die Annahme, dass nonverbale Informationen in der Regel besser erinnert werden als gleichzeitig präsentierte verbale Informationen. Begründen kann man dies z. B. mit der *Schematheorie*, die einen starken Einfluss von Voreinstellungen auf die Informationsverarbeitung postuliert. Dabei kann man annehmen, dass nonverbale Informationen weniger schematisch verarbeitet werden als verbale (Graber 1990). Während die Rezipienten bei der Verarbeitung von Texten Informationen vergessen, die nicht zu ihren Voreinstellungen passen, und diese durch passende Informationen ersetzen, die in einem Beitrag gar nicht enthalten waren, geschieht dies bei der Verarbeitung von Bildern weitaus seltener. Ein zweiter wichtiger Befund der Studien zur Erinnerung an Fernsehnachrichten ist, dass diese besonders gut erinnert werden, wenn gleichzeitig präsentierte verbale und visuelle Informationen redundant sind, also mehr oder weniger denselben Inhalt transportieren. Erklären kann man dies z. B. mit dem *Limited Capacity Model* der Informationsverarbeitung (Lang 1995). Demnach verfügen Menschen nur über eine begrenzte Informationsverarbeitungskapazität. Werden über den verbalen und den nonverbalen Kanal unterschiedliche oder gar widersprüchliche Informationen verbreitet (Text-Bild-Schere), können diese nicht mehr adäquat verarbeitet werden. Sind die Informationen dagegen mehr oder weniger identisch, erleichtert die doppelte Verbreitung die Erinnerung. Dabei vergrößert die Redundanz vor allem die Erinnerung an verbale Informationen, während sie die Erinnerung an visuelle Informationen deutlich weniger beeinflusst. Auch dies kann man als einen Hinweis darauf betrachten, dass visuelle Informationen generell besser erinnert werden, weil sie die Erinnerung an verbale Informationen stärker fördern als umgekehrt. Ein dritter Befund der Studien zur Erinnerung an Fernsehnachrichten ist, dass nonverbale Informationen nicht nur die Erinnerung an gleichzeitig präsentierte, sondern auch die Erinnerung an vorher oder nachher präsentierte verbale Informationen beeinflussen können. Dies gilt vor allem für emotional fesselnde Nachrichtenbilder, die die Erinnerung an vorangegangene Nachrichtenbeiträge vermindern, zugleich aber die Erinnerung an darauf folgende Nachrichtenbeiträge erhöhen. Negative emotionale Bilder, die z. B. in der Kriegsberichterstattung häufig eingesetzt werden, ziehen offensichtlich die Aufmerksamkeit der Rezipienten so sehr auf sich, dass sie weitgehend vergessen, was sie zuvor gesehen und gehört haben. Das hohe Aufmerksamkeitsniveau bleibt dann aber bis zum folgenden Beitrag erhalten, sodass dieser überdurchschnittlich gut erinnert wird (Newhagen und Reeves 1992). Alles in allem bestätigen die Studien zur Erinnerung an Fernsehnachrichten folglich weitgehend die Annahmen der Dual Coding-Theorie. Ob dies auch zu einer stärkeren Wirkung auf die politische Meinungsbildung führt, wollen wir erst später diskutieren (Kap. 6 und 7).

Elaboration Likelihood-Model

Zwei-Prozess-Modelle der Informationsverarbeitung unterscheiden zwei Routen, auf denen Menschen Informationen wahrnehmen und verarbeiten. Ihr Ziel besteht vor allem darin, die Bedingungen zu beschreiben, unter denen Menschen ihre Einstellungen durch Kommunikation verändern. Sie knüpfen damit an frühere Modelle der Persuasionsforschung an, die die Ursachen von Einstellungsänderungen auf Merkmale des Kommunikators (z. B. seine Glaubwürdigkeit), Merkmale der Botschaft (z. B. ihre Tendenz) und Merkmale der Rezipienten (z. B. ihr Involvement) zurückführen. Sie gehen jedoch über diese Modelle hinaus, weil sie die persuasiven Faktoren nicht isoliert betrachten, sondern ihr Zusammenwirken unter verschiedenen Bedingungen erklären wollen. Das bekannteste dieser Modelle ist das Elaboration Likelihood-Model (ELM), das in den 1980er Jahren von Richard Petty und John Cacioppo entwickelt wurde (Petty und Cacioppo 1986). Die so genannte zentrale Route der Informationsverarbeitung wird (unbewusst) von Menschen beschritten, die in einer Kommunikationssituation hoch involviert sind. Das Involvement besteht dabei aus einer kognitiven und einer motivationalen Komponente. Vereinfacht ausgedrückt muss ein Rezipient folglich die Fähigkeit und den Willen aufbringen, sich mit einer Information intensiv auseinanderzusetzen. Ist dies der Fall, achtet er während der Rezeption vor allem auf die Stärke der präsentierten Argumente. Sein hohes Involvement geht allerdings mit der Tatsache einher, dass er über relativ viel Vorwissen und zugleich über relativ gefestigte Voreinstellungen verfügt. Verarbeitet er die neuen Informationen auf der zentralen Route, wird er sie folglich mit seinen bestehenden Kenntnissen und Einstellungen abgleichen. Dieser intensive Verarbeitungsprozess führt dann oft dazu, dass er seine ursprünglichen Einstellungen beibehält. Einstellungsänderungen sind auf der zentralen Route also eher unwahrscheinlich. Ändern Menschen ihre Einstellungen dennoch, sind diese Einstellungsänderungen aber langfristig relativ stabil. Die periphere Route der Informationsverarbeitung wird dagegen von Menschen beschrit-

5.3 Informationsverarbeitung

ten, die in einer Kommunikationssituation gering involviert sind. Sie achten dabei nicht auf die Argumentstärke, sondern vor allem auf so genannte periphere Reize. Worum es sich dabei handeln kann, werden wir gleich noch detailliert behandeln. Da sie über relativ wenig Vorwissen und keine gefestigten Voreinstellungen verfügen, akzeptieren sie die neuen Informationen mehr oder weniger ungeprüft und ändern ihre Einstellungen entsprechend. Einstellungsänderungen sind auf der peripheren Route folglich eher wahrscheinlich als auf der zentralen Route. Zugleich sind sie aber auch langfristig deutlich weniger stabil.

Welche Rolle spielen nun verbale und nonverbale Informationen in diesem Modell? Wir haben bereits deutlich gemacht, dass die Rezipienten auf der zentralen Route vor allem auf die Qualität der präsentierten Argumente achten. Hierbei handelt es sich fraglos um ein Element verbaler Kommunikation. Auf der peripheren Route werden dagegen periphere Reize zur Meinungsbildung herangezogen. Als periphere Reize gelten z. B. die Glaubwürdigkeit des Kommunikators, aber insbesondere auch visuelle Hinweisreize wie z. B. seine physische Attraktivität oder seine Gestik und Mimik. Obwohl das ELM und verwandte Theorien kaum direkte Aussagen über die Bedeutung verbaler und nonverbaler Kommunikation machen, lassen sich solche Aussagen folglich indirekt daraus ableiten, dass nonverbale Informationen auf der peripheren Route einen deutlich größeren Einfluss haben sollten als auf der zentralen Route. Da dort (kurzfristige) Einstellungsänderungen wahrscheinlicher sind, kann man aus der Perspektive des ELM auf eine bedeutende Rolle nonverbaler Kommunikation im Persuasionsprozess schließen. Zugleich macht das Modell (indirekt) aber auch Aussagen über die Randbedingungen der Relevanz verbaler und nonverbaler Kommunikation: Nonverbale Signale sollten vor allem die Meinungsbildung von Menschen mit geringem Involvement prägen.

Da die Überlegungen zur Rolle verbaler und nonverbaler Kommunikation nicht unbedingt im Zentrum des ELM stehen, sondern sich eher indirekt ergeben, ist dieser Sachverhalt bislang allerdings erst vergleichsweise selten empirisch untersucht worden. Belege für eine erhebliche Bedeutung nonverbaler Kommunikation für die Meinungsbildung von Rezipienten auf der peripheren Route der Informationsverarbeitung stammen zum einen aus dem Bereich der Werbewirkungsforschung. Hier zeigen experimentelle Studien z. B., dass Fernsehwerbung die Urteile von niedrig involvierten Rezipienten stärker prägt, während hoch involvierte Rezipienten stärker von einem inhaltsgleichen Radiospot beeinflusst werden (Buchholz und Smith 1991). Zudem scheint die Bedeutung verbaler und nonverbaler Informationen auch davon abzuhängen, wie stark die nonverbalen Informationen mit dem beworbenen Produkt verbunden sind: Während produktrelevante Bilder eher Rezipienten mit hohem Involvement überzeugen, werden Bilder ohne Bezug zum beworbenen Produkt eher von niedrig Involvierten zur Meinungsbildung herangezogen (Miniard et al. 1991). Der zweite Forschungsbereich, in dem der

Einfluss des Involvements auf die Verarbeitung verbaler und nonverbaler Informationen eine Rolle spielt, ist die Lügenerkennung. Wir haben bereits in einem früheren Kapitel (Kap. 3.1) deutlich gemacht, dass es Menschen üblicherweise sehr schwer fällt, Lügner zu entlarven. Dennoch gehen einige Studien davon aus, dass dies besser gelingt, wenn man sich auf das nonverbale Verhalten einer Person konzentriert, weil hier möglicherweise bessere Indikatoren für das Erkennen von Lügen vorliegen als beim verbalen Verhalten. Wenn man nun annimmt, dass sich vor allem gering Involvierte, die die periphere Route der Informationsverarbeitung eingeschlagen haben, auf das nonverbale Verhalten konzentrieren, sollten diese im Vergleich zu hoch Involvierten besser in der Lage sein, Lügen zu erkennen. Diese Annahme bestätigt sich in einigen experimentellen Studien zumindest tendenziell (z. B. Forrest und Feldman 2000; Reinhard und Sporer 2008).

In der politischen Kommunikationsforschung wird das ELM bislang vergleichsweise selten zur Erklärung der Wirkungen verbaler und nonverbaler Kommunikation herangezogen. Zwar zeigen einige Studien, dass mit geringem Involvement verwandte Merkmale wie z. B. geringes politisches Wissen oder geringes politisches Interesse dazu führen, dass Menschen verstärkt nonverbale Information zur politischen Meinungsbildung heranziehen (z. B. Lenz und Lawson 2011; Hart et al. 2011). Explizit auf das ELM bezieht sich dabei aber nur eine neuere Studie zum Fernsehduell zwischen Gerhard Schröder und Angela Merkel im Bundestagswahlkampf 2005 (Maurer und Reinemann 2015). Sie zeigt mit einem komplexen Mehrmethodendesign aus einer sekundengenauen Inhaltsanalyse der im Duell erkennbaren verbalen und nonverbalen Kommunikationselemente und einer sekundengenauen Real-Time Response-Messung (RTR) während des Duells, dass nonverbale Kommunikationselemente tatsächlich von gering involvierten Zuschauern deutlich stärker zur Meinungsbildung über Amtsinhaber Schröder herangezogen wurden als von mittel oder hoch involvierten Zuschauern. In Bezug auf Herausforderin Merkel fielen die Befunde dagegen weniger eindeutig aus. Alles in allem spricht folglich auch empirisch einiges dafür, dass nonverbale Informationen vor allem für die Meinungsbildung gering involvierter Rezipienten relevant sind, die Informationen auf der peripheren Route verarbeiten. Wenn man davon ausgeht, dass gerade diese Rezipienten eher beeinflussbar sind, weil sie oft nicht über ausgeprägtes Vorwissen oder stabile Voreinstellungen verfügen, sollten nonverbale Informationen einen erheblichen Einfluss auf die politische Meinungsbildung haben. Ob dies zutrifft und ob es für alle Arten nonverbaler Kommunikation gleichermaßen gilt, wollen wir im folgenden Kapitel detailliert diskutieren.

Die Wirkung nonverbaler Kommunikation auf die politische Meinungsbildung

Zusammenfassung

In diesem Kapitel diskutieren wir die Befunde von empirischen Studien zu den Einflüssen nonverbaler Kommunikation auf die politische Meinungsbildung. Dabei beschäftigen wir uns mit Studien zur Wirkung physischer Attraktivität, zur Wirkung von Gestik und Mimik und zur Wirkung vokaler Kommunikation. Anschließend diskutieren wir Studien zur Wirkung nonverbaler journalistischer Darstellungstechniken wie Kameraperspektiven, Einstellungsgrößen und Split-Screen-Format. Schließlich behandeln wir Studien, die die Einflüsse nonverbaler Kommunikation insgesamt untersuchen, ohne dabei einzelne Kommunikationselemente zu betrachten. Hierunter fallen insbesondere so genannte Medienvergleiche, also Studien, die die Wirkung eines Beitrags in einer Fernseh- mit der Wirkung desselben Beitrags in einer Hörfunkversion vergleichen, um so auf die Wirkung nonverbaler Kommunikation zu schließen.

6.1 Wirkungen physischer Attraktivität

Wir werden uns in diesem Abschnitt zunächst mit dem Einfluss weitgehend statischer nonverbaler Merkmale von Politikern auf die politische Meinungsbildung beschäftigen. Damit sind solche Faktoren gemeint, die sich – im Unterschied zu dynamischen Merkmalen wie Gestik und Mimik – im Verlauf einer Kommunikationssituation nicht verändern. Dabei werden wir vor allem die Rolle physischer Attraktivität diskutieren, am Ende des Kapitels aber auch kurz zwei Erklärungsansätze erläutern, die in den letzten Jahren an Bedeutung gewonnen haben: das so genannte Thin-Slice-Paradigm und den Einfluss physischer Ähnlichkeit.

Physische Attraktivität und Halo-Effekt

Wir haben bereits deutlich gemacht, dass die physische Attraktivität eines Menschen als feststehendes Persönlichkeitsmerkmal betrachtet werden kann, weil sie von unterschiedlichen Betrachtern sehr ähnlich eingeschätzt wird (Attraktivitätskonsens). Man kann folglich relativ objektiv schöne von weniger schönen Menschen unterscheiden. Aufgrund der bereits in einem früheren Kap. (3.1) diskutierten evolutionsbiologischen Umstände, kann man weiter annehmen, dass physisch attraktive Menschen in allen möglichen Lebenslagen Vorteile genießen. Dies kann man auf mindestens zwei unterschiedliche Effekte zurückführen: Zum einen kann man vermuten, dass attraktive Menschen die Aufmerksamkeit anderer stärker auf sich ziehen als weniger attraktive Menschen. Zum anderen kann man annehmen, dass physisch attraktiven Menschen auch andere positive Persönlichkeitseigenschaften zugeschrieben werden. Diese Annahme bezeichnet man als Attraktivitätsstereotyp oder auch Halo-Effekt. Wir wollen diesen zuerst erläutern, weil er im Bereich der politischen Kommunikation vermutlich von größerer Bedeutung ist, und kommen auf die Rolle der Aufmerksamkeit noch einmal zu einem späteren Zeitpunkt zurück.

Der *Halo-Effekt* bezeichnet in der Attraktivitätsforschung die Annahme, dass physisch attraktive Menschen tendenziell auch als sympathisch, ehrlich, fleißig oder kompetent wahrgenommen werden. Dieser Effekt wurde zuerst von Dion et al. (1972) beschrieben. In ihrem Experiment wurden die Versuchspersonen zunächst gebeten, die Attraktivität einer Reihe von Männern und Frauen einzuschätzen, die sie auf Fotos zu sehen bekamen. Danach sollten sie Auskunft darüber geben, für wie wahrscheinlich sie es z. B. halten, dass die Personen glücklich verheiratet, mit ihrem Leben zufrieden, im Beruf erfolgreich oder gute Eltern sind. In den meisten Fällen glaubten die Versuchspersonen, dass dies auf die zuvor als physisch attraktiv eingeschätzten Menschen eher zutrifft. Die Ursachen dieses Effekts sind noch immer relativ umstritten. Dabei stellt sich zunächst die Frage, wie er grundsätzlich zu erklären ist. Eine recht wahrscheinliche Ursache haben wir bereits in einem früheren Kap. (3.1) diskutiert: Evolutionsbiologische Erklärungen nehmen an, dass physische Attraktivität unbewusst zugleich körperliche Gesundheit und Stärke kommuniziert. Menschen, die stark und gesund wirken, mögen für bestimmte Aufgaben tatsächlich kompetenter oder besser geeignet sein. Dies erklärt aber z. B. nicht, warum sie zugleich auch als ehrlicher wahrgenommen werden. Eine zweite Frage ist, welche Wirkungskonstellationen dem Effekt zugrunde liegen. Hier kann man einerseits annehmen, dass die Wahrnehmung von Attraktivität die Wahrnehmung anderer Persönlichkeitseigenschaften direkt beeinflusst. Denkbar wäre aber auch, dass die Wahrnehmung von Attraktivität sich zunächst in einem positiven

Gesamturteil über eine Person niederschlägt. Dieses positive Gesamturteil würde dann im zweiten Schritt auf die Eindrücke von anderen Persönlichkeitseigenschaften zurückwirken. Weil diese Art der Meinungsbildung aber unbewusst und sehr schnell abläuft, lässt sich diese Frage im Grunde kaum empirisch beantworten.

Die frühen Befunde zum Halo-Effekt haben dazu geführt, dass sich seit den 1970er Jahren unzählige Studien mit den Vorteilen physisch attraktiver Menschen in ganz unterschiedlichen Lebenslagen beschäftigt haben. Sie zeigen beispielsweise, dass physisch attraktive Menschen Vorteile bei der Partnerwahl genießen (z. B. Grammer et al. 2003). Im Berufsleben haben sie nicht nur bessere Chancen auf dem Stellenmarkt, sondern erhalten auch höhere Gehälter (Hamermesh und Biddle 1994; Biddle und Hamermesh 1998). Physisch attraktive Schüler erhalten bei gleichen Leistungen bessere Noten (Dunkake et al. 2012). Zugleich schneiden physisch attraktive Dozenten bei Lehrevaluationen besser ab (z. B. Klein und Rosar 2006). Selbst vor Gericht haben physisch attraktive Angeklagte bessere Chancen auf eine milde Bestrafung (z. B. Efran 1974). Wir können folglich festhalten, dass physische Attraktivität selbst dann einen erheblichen Einfluss auf die Beurteilung anderer Menschen hat, wenn es erstens kaum einen vernünftigen Grund dafür gibt und es zweitens aus moralischer Sicht kaum vertretbar ist. Für solche Effekte sind zudem nicht nur Laien im Alltag empfänglich, sondern auch Menschen in professionellen Rollen, die folgenschwere Entscheidungen treffen.

Der Einfluss physischer Attraktivität auf die politische Meinungsbildung

Den Einfluss der physischen Attraktivität von Politikern auf die politische Meinungsbildung kann man in Experimenten oder in Feldstudien untersuchen. Die experimentellen Studien folgen im Grunde mehr oder weniger einer einheitlichen Logik: Zunächst werden in einer Vorstudie Urteile über die Attraktivität der Politiker erhoben. Dazu sehen die Versuchspersonen für einige Sekunden eigens angefertigte Fotos von vermeintlichen Politikern oder Fotos von realen Politikern, die ihnen nicht bekannt sind, damit sich ihre Voreinstellungen gegenüber den Politikern nicht auf ihre Attraktivitätseinschätzungen auswirken können. Unmittelbar nach dem Ansehen jedes Fotos sollen sie die Attraktivität des dargestellten Politikers einschätzen. Diese Fotos dienen dann als Stimuli im eigentlichen Experiment. Dort werden Fotos von Politikern, die in der Vorstudie als attraktiv oder unattraktiv beurteilt wurden, anderen Versuchspersonen gezeigt, die dann ihre Meinungen zu den Politikern abgeben sollen. Dabei werden zum einen die Eindrücke von verschiedenen Persönlichkeitseigenschaften der Politiker erhoben, um zu prüfen, ob der Halo-Effekt auch in der politischen Kommunikation zum Tragen kommt. Zum anderen wird häufig auch erhoben, ob sich die Probanden vorstellen können, den jeweiligen Politiker zu wählen, um die Wahlentscheidung zu simulieren. Diese Studien zeigen in der Regel, dass auch Politiker anhand ihrer physischen Attraktivität beurteilt werden. So schließen die Probanden z. B. von der Attraktivität eines Politikers auf seine Sachkompetenz. Zugleich geben sie tendenziell eher an, dass sie den attraktiveren Kandidaten bei einer Wahl ihre Stimme geben würden (z. B. Sigelman et al. 1987; Little et al. 2007; Hart et al. 2011).

Solche Experimente sind vor allem in Bezug auf die Simulation der Wahlentscheidung allerdings sehr künstlich und realitätsfern. Deutlich valider sind Feldstudien, die den Einfluss der physischen Attraktivität auf das reale Wahlverhalten erfassen. Solche Studien wurden in den vergangenen Jahren auch in den deutschsprachigen Ländern häufiger durchgeführt. In einer der aufwändigsten Studien dieser Art haben Klein und Rosar (2005) den Einfluss der physischen Attraktivität von Wahlkreiskandidaten auf das Wahlverhalten bei der Bundestagswahl 2002 untersucht. Wie in den experimentellen Studien haben die Autoren zunächst in einer Vorstudie die physische Attraktivität von 236 Kandidaten von CDU/CSU und SPD sowie in Ostdeutschland der PDS erfasst, denen man zumindest theoretisch zutrauen konnte, ein Direktmandat für ihre Partei zu gewinnen. Dazu sahen rund 25 Versuchspersonen für wenige Sekunden Porträtfotos der Kandidaten. Unmittelbar nachdem sie jedes Foto gesehen hatten, sollten sie die Attraktivität und einige andere Persönlichkeitseigenschaften des jeweiligen Kandidaten einschätzen. Die Vorstudie zeigte erstens, dass die Attraktivitäts-Urteile der Probanden sehr ähnlich ausfielen. Sie bestätigt somit den Attraktivitätskonsens. Zweitens wurde deutlich, dass zwischen den Attraktivitäts-Urteilen und den Urteilen über andere Persönlichkeitseigenschaften ein erheblicher Zusammenhang bestand. Die Vorstudie bestätigt folglich auch den Halo-Effekt. In der eigentlichen Studie wurden nun die Attraktivitätswerte aus der Vorstudie dazu herangezogen, den Erststimmenanteil der Kandidaten bei der Bundestagswahl 2002 zu erklären. In dem multivarianten Erklärungsmodell wurden zum einen die Einflüsse anderer Kandidatenmerkmale (z. B. Alter, Geschlecht, politische Erfahrung), zum anderen aber auch Wahlkreismerkmale wie das jeweilige Zweitstimmenergebnis kontrolliert. Auch nach Kontrolle all dieser Variablen blieb ein erheblicher, eigenständiger Einfluss der Kandidatenattraktivität auf das Erststimmenergebnis erhalten: Besonders attraktive Kandidaten haben demnach bei ansonsten gleichen Voraussetzungen ein um fast fünf Prozentpunkte besseres Erststimmenergebnis erhalten als besonders unattraktive Kandidaten. Zu ähnlichen Befunden kommen auch Studien, die den Einfluss physischer Attraktivität auf das Wahlergebnis unter leicht veränderten Bedingungen untersucht haben. So zeigt sich, dass nicht nur die absolute Attraktivität eines

6.1 Wirkungen physischer Attraktivität

Kandidaten, sondern auch seine relative Attraktivität im Vergleich zu den anderen Kandidaten in seinem Wahlkreis den Wahlerfolg beeinflusst (Rosar et al. 2008). Auch bei Wahlen, bei denen die Wähler über die Reihenfolge der Kandidaten auf parteiinternen Wahllisten entscheiden können, verbessern in der Regel vor allem physisch attraktive Kandidaten ihre Listenplätze (Lutz 2010).

Bereits seit den späten 1970er Jahren wird allerdings darüber spekuliert, ob der Vorteil physischer Attraktivität für Männer und Frauen gleichermaßen groß ist. Dabei wurde vermutet, dass Frauen in typischen Männerpositionen eine besonders große Attraktivität eher schadet als nutzt (*beauty-is-beastly-Effekt*). Attraktivität würde dann nicht mit Kompetenz, sondern eher mit Inkompetenz assoziiert, weil attraktive Frauen in solchen Positionen deplatziert wirkten (Heilman und Saruwatari 1979). Der beauty-is-beastly-Effekt findet sich auch heute noch unter bestimmten Bedingungen in Studien, die sich mit der Meinungsbildung über Frauen in wirtschaftlichen Führungspositionen beschäftigen (z. B. Braun et al. 2012). Attraktive Politikerinnen scheinen zumindest mittlerweile aber nicht mehr unter ihrer Attraktivität zu leiden. Vor allem in neueren Untersuchungen zeigen sich überwiegend positive Effekte der Attraktivität weiblicher Kandidaten auf das Wahlergebnis ihrer Parteien, die die bei Männern gemessenen Effekte zum Teil sogar übertreffen (Lutz 2010; Berggren et al. 2010). Dies mag auch damit zu tun haben, dass Politik heute deutlich weniger eine Männerdomäne ist als dies noch vor einigen Jahren der Fall war. Alles in allem ist der Einfluss der physischen Attraktivität auf den Wahlerfolg von Politikerinnen und Politikern also relativ robust und gut belegt. Das heißt aber nicht, dass die Partei des physisch attraktiveren Kandidaten unter allen Umständen die Wahl gewinnt. Wahlergebnisse haben unzählige Ursachen, die wir hier nicht im Detail diskutieren können (dazu z. B. Reinemann et al. 2013). Ein physisch attraktiver Kandidat gewinnt für seine Partei aber einige Prozentpunkte, die bei knappem Wahlausgang entscheidend sein können. In vielen Fällen wird die Partei des attraktiveren Kandidaten die Wahl dann trotzdem verlieren, weil sie aus anderen Gründen mehr als diese wenigen Prozentpunkte zurückliegt.

Direkte oder medienvermittelte Effekte?

Der Einfluss der physischen Attraktivität von Politikern auf die politische Meinungsbildung der Wähler unterscheidet sich in einem bemerkenswerten Punkt von den Einflüssen der physischen Attraktivität in anderen Lebenslagen: Während Arbeitgeber, Studierende oder Richter in persönlichem Kontakt mit den Arbeitnehmern, Dozenten oder Angeklagten stehen, über die sie sich Urteile bilden, gilt dies für die Wähler in der Regel nicht. Insbesondere Wahlkreiskandidaten dürften den meisten Wählern relativ unbekannt sein. Es stellt sich folglich die Frage, wie man den Effekt der physischen Attraktivität von realen Kandidaten, zu denen die Wähler kaum Kontakt haben und die auf den Wahlzetteln nicht abgebildet sind, erklären kann. Die meisten Studien unterstellen dabei einen direkten Effekt der physischen Attraktivität der Kandidaten auf die Wahlentscheidung, indem sie implizit annehmen, dass die Wähler die Kandidaten z. B. auf Wahlplakaten gesehen und sich währenddessen Meinungen über sie gebildet haben, die später unbewusst ihre Wahlentscheidungen beeinflussen. Diese Annahme erscheint zwar prinzipiell sinnvoll, allerdings werden Wahlplakate so beiläufig genutzt und verarbeitet, dass man durchaus bezweifeln kann, dass die Wähler auf diese Weise eine Verbindung zwischen der Attraktivität und der Partei der Kandidaten herstellen können, die sich noch Tage oder Wochen später auf ihre Wahlentscheidung auswirkt.

Zwei etwa zeitgleich in unterschiedlichen Ländern veröffentlichte Studien (Maurer und Schoen 2010; Tsfati et al. 2010) haben deshalb vor kurzem einen alternativen Erklärungsweg vorgeschlagen: Möglicherweise schlägt sich die physische Attraktivität von Politikern nicht (nur) direkt, sondern (auch) indirekt über die Politikberichterstattung der Massenmedien in der Meinungsbildung der Wähler nieder. Demnach würden im ersten Schritt Journalisten häufiger oder positiver über attraktive Politiker berichten, weil diese ihre Aufmerksamkeit stärker auf sich ziehen und Journalisten dem Attraktivitäts-Stereotyp in ähnlicher Weise erliegen wie andere Menschen. Im zweiten Schritt würde die häufige und positive Berichterstattung in den Massenmedien die Urteile der Wähler über die Politiker beeinflussen. Um diese Möglichkeit zu prüfen, haben Maurer und Schoen (2010) den Einfluss der physischen Attraktivität von Wahlkreiskandidaten auf die Menge und die Tendenz der Berichterstattung von regionalen Tageszeitungen über die Kandidaten in fünf ausgewählten Wahlkreisen bei der Bundestagswahl 2005 untersucht. Sie fanden, dass über besonders attraktive Kandidaten in einem Zeitraum von sechs Wochen etwa 60 Beiträge mehr erschienen als über besonders unattraktive. Dies galt auch dann, wenn andere Kandidatenmerkmale wie Alter, Geschlecht, Parteizugehörigkeit und Rolle als Amtsinhaber oder Herausforderer kontrolliert wurden. Dabei spielte die physische Attraktivität der Kandidaten für die Menge der Berichterstattung eine fast ebenso große Rolle wie die Zugehörigkeit der Kandidaten zu einer großen (CDU, SPD) oder einer kleineren Partei. Zudem zeigte sich auch ein Einfluss der physischen Attraktivität auf die Tendenz der Berichterstattung: Auch nach Kontrolle der anderen Kandidatenmerkmale wurde über Kandidaten, die attraktiver waren als ihre Mitbewerber im Wahlkreis, signifikant positiver berichtet. Die Befunde zum Einfluss physischer Attraktivität auf die Menge der Berichterstattung bestätigen sich in ähnlicher Weise in Analysen der Fernsehberichterstattung über die Abgeordneten des israelischen Parlaments

(Tsfati et al. 2010) und des amerikanischen Kongresses (Waismel-Manor und Tsfati 2011). Die physische Attraktivität von Politikern beeinflusst folglich nicht nur die Wahlentscheidungen der Bürger, sondern auch die Selektionsentscheidungen von politischen Journalisten in ihrer professionellen Rolle.

Das Thin-Slice-Paradigm als alternativer Erklärungsansatz

Seit Beginn der 2000er Jahre hat der amerikanische Psychologe Alexander Todorov mit unterschiedlichen Kollegen eine Reihe Aufsehen erregender Studien zum Einfluss von Kandidatenfotos auf die Ergebnisse politischer Wahlen veröffentlicht (z. B. Todorov et al. 2005; Ballew und Todorov 2007; Olivola und Todorov 2010). Das Grundmuster der Studien ist jeweils ähnlich: Die Versuchspersonen bekommen für eine sehr kurze Zeit von jeweils deutlich weniger als einer Sekunde Porträtfotos von zwei realen, aber eher unbekannten politischen Kandidaten gezeigt, die z. B. bei einer Wahl zum amerikanischen Senat gegeneinander angetreten sind. Auf Basis der Fotos sollen sie dann spontan entscheiden, welcher der beiden Kandidaten ihnen kompetenter erscheint. Diese Entscheidungen werden dann mit den realen Wahlergebnissen verglichen. Hierbei zeigt sich in der Regel, dass die von den Versuchspersonen als kompetenter eingeschätzten Kandidaten die jeweilige Wahl tatsächlich weit überzufällig oft gewonnen haben.

Todorov und Kollegen erklären diesen Befund mit dem so genannten *Thin-Slice-Paradigm* (Ambady und Rosenthal 1992). Demnach sind Menschen in der Lage, innerhalb von Bruchteilen von Sekunden auf Basis „dünner Scheiben" von Informationen Urteile über andere Menschen zu fällen, die mit hoher Wahrscheinlichkeit mit den Urteilen übereinstimmen, die sie gefällt hätten, wenn ihnen dafür mehr Zeit geblieben wäre. Die Annahme ist im konkreten Fall also, dass die Versuchspersonen im Experiment bereits nach sehr kurzer Zeit und nur auf der Basis eines Porträtfotos zu sehr ähnlichen Urteilen über die Kandidaten gekommen sind wie die Wähler, denen deutlich mehr Informationen zur Verfügung gestanden haben. Wir haben bereits im vorangegangenen Kapitel (Kap. 5) anhand verschiedener Theorien deutlich gemacht, dass die Annahme einer sehr schnellen, unbewussten Verarbeitung nonverbaler Informationen hoch plausibel ist. Allerdings bleibt in den Studien der Gruppe um Todorov offen, welche Merkmale der Kandidaten auf den Fotos den Eindruck von Kompetenz vermitteln. Dabei ist es vor allem erstaunlich, dass die Autoren zunächst keinerlei Bezug zur Attraktivitätsforschung hergestellt haben, obwohl es nahelegt, den Eindruck von Kompetenz als Folge eines von der Attraktivität der Kandidaten verursachten Halo-Effekts zu betrachten (Abb. 6.1).

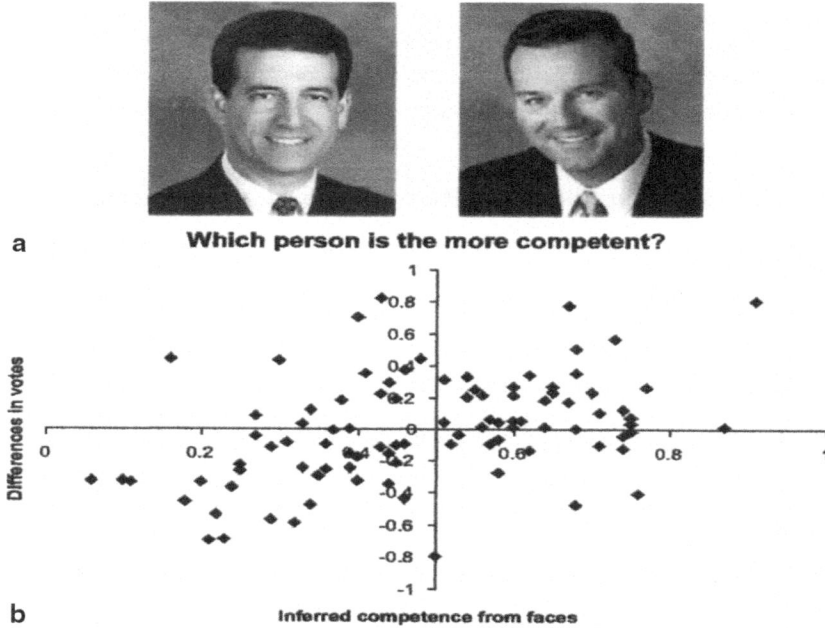

Abb. 6.1 Zusammenhang zwischen der anhand von Fotos eingeschätzten Kompetenz von Politikern und dem realen Wahlergebnis bei einer amerikanischen Senatswahl. (Quelle: Todorov et al. 2005)

Erst in jüngster Zeit wird der Zusammenhang von Todorovs Ansatz zur etablierten Attraktivitätsforschung des Öfteren hergestellt. So berücksichtigen die Autoren um Todorov mittlerweile in einigen Studien selbst die Attraktivität der Kandidaten als zusätzliche Erklärungsvariable, finden tendenziell aber sogar negative Effekte der Attraktivität auf die Wahlentscheidung (z. B. Mattes et al. 2010). Re-analysen von Todorovs Daten durch andere Autoren legen dagegen ein Pfadmodell nahe, in dem die physische Attraktivität der Kandidaten die Wahlentscheidung sowohl direkt, als auch über die Wahrnehmung der Kompetenz der Kandidaten indirekt beeinflusst (Verhulst et al. 2010). Einen über die Kompetenzeinschätzung vermittelten Einfluss der physischen Attraktivität auf die Wahlentscheidung belegt auch eine Studie zu drei Regionalwahlen in Dänemark. Allerdings scheint hier zugleich ein von der Attraktivität unabhängiger Effekt der wahrgenommenen Kompetenz zu existieren (Laustsen 2014). Eher gegen einen Einfluss der physischen Attraktivität auf die spontane Kompetenzeinschätzung spricht eine Studie, in der den Versuchspersonen Kandidatenfotos vorgelegt wurden, auf denen die Gesichter der Kandidaten unkenntlich gemacht wurden (Spezio et al. 2012): Obwohl nur der Haaransatz und der Hemdkragen der Kandidaten erkennbar war, fällten die Versuchspersonen Urteile über die Kompetenz der dargestellten Politiker, die wiederum in der erwarteten Weise mit den tatsächlichen Wahlergebnissen zusammenhingen. Dies galt dagegen nicht, wenn die Versuchspersonen nur das Gesicht ohne Haaransatz und Hemdkragen sahen. Wie diese Befunde zu erklären sind, bleibt allerdings offen. Alles in allem ist bislang also weitgehend unklar, ob sich die schnellen Urteile, die Versuchspersonen anhand von Porträtfotos über die Kompetenz von Politikern bilden, mit der physischen Attraktivität der Kandidaten erklären lassen. Wenn man dies allerdings verneint, stellt sich die Frage, wie die Kompetenzeinschätzungen sonst zu erklären sind. Das Thin-Slice-Paradigm ist hierfür sicher noch keine ausreichende Erklärungsbasis, weil es keine Aussagen über die Grundlagen der schnellen Urteile macht.

Physische Ähnlichkeit als politisches Urteilskriterium

Unter physischer Ähnlichkeit wollen wir hier verstehen, wie stark sich ein Politiker und ein ihn beurteilender Wähler äußerlich gleichen. Physische Ähnlichkeit ist wie die physische Attraktivität eines Politikers ein statisches nonverbales Kommunikationselement, weil sie sich während der Meinungsbildung nicht verändert. Der Unterschied besteht im Wesentlichen darin, dass ein attraktiver Politiker einen grundsätzlichen Vorteil genießt, weil ihn mehr oder weniger alle Wähler gleichermaßen attraktiv finden. Die Meinungsbildung anhand der physischen Ähnlichkeit wirkt sich dagegen weniger auf das Wahlergebnis insgesamt, sondern vielmehr auf die individuellen Wahlentscheidungen einzelner Wähler aus. Die Grundannahme lautet dabei, dass Wähler Politiker umso positiver bewerten und umso eher wählen, je ähnlicher sie ihnen sehen. Warum sollte dies der Fall sein? Zunächst einmal kann man allgemein annehmen, dass Ähnlichkeit das Gefühl von Sympathie fördert. Empirisch gut belegt ist dies vor allem im Bereich der verbalen Kommunikation: Menschen mögen andere Menschen, wenn sie ähnliche Standpunkte oder Werte vertreten wie sie selbst. Selbst eine gemeinsame Herkunft oder gemeinsame Hobbies tragen dazu bei, dass sich Menschen sympathischer finden. Ob darüber hinaus auch optische Ähnlichkeit Sympathie fördert und ob dies auch im Bereich der politischen Kommunikation der Fall ist, haben Bailenson et al. (2006) in einer experimentellen Studie untersucht. Dabei bekamen die Versuchspersonen zunächst für 20 s das Foto eines fiktiven Politikers gezeigt. Im Anschluss daran sollten sie drei verschiedene Urteile über ihn abgeben. Dabei ging es darum, wie attraktiv und sympathisch sie ihn finden. Außerdem wurden sie danach gefragt, wie wahrscheinlich es ist, dass sie den Politiker wählen würden. Vor Beginn des Experiments wurden die Versuchspersonen mit einem Vorwand darum gebeten, ein digitales Porträtfoto von ihnen anfertigen zu dürfen. Einem Teil der Probanden wurde dann im Experiment das Originalfoto des Politikers gezeigt. Die andere Hälfte der Probanden sah ein Foto, bei dem das Politiker-Foto mit Hilfe eines Morphing-Programms mit ihrem eigenen Foto verschmolzen wurde. Diese Hälfte der Probanden sah folglich ein Bild, auf dem ihnen der Politiker relativ ähnlich sah. Die Befunde entsprachen den Erwartungen tendenziell, aber nicht durchgängig. Die Probanden bewerteten die Politiker anders als erwartet nicht durchgängig positiver, wenn sie ihnen ähnlich sahen. Stattdessen war ein Interaktionseffekt mit dem Geschlecht der Probanden erkennbar: Während Männer den dargestellten Politiker in der Morphing-Version positiver bewerteten, trat bei Frauen der umgekehrte Effekt auf: Trug der Politiker auf dem Foto zum Teil auch ihre eigenen Gesichtszüge, fielen die Urteile der Probandinnen negativer aus. Dies galt für alle drei Urteilsdimensionen gleichermaßen. Erklären kann man dies möglicherweise damit, dass weibliche Gesichtszüge bei männlichen Politikern unrealistisch oder unattraktiv wirken, sodass in diesem Fall der Effekt der physischen Attraktivität den Effekt der physischen Ähnlichkeit überlagert.

Dass physische Ähnlichkeit einen Einfluss auf die politische Meinungsbildung haben kann, zeigen auch Studien zum Einfluss der Hautfarbe auf die politische Meinungsbildung. So zeigen Leigh und Susilo (2009) anhand einer regionalen Wahl in Australien, bei der auf den Wahlzetteln Porträtfotos der Kandidaten abgedruckt waren, dass Kandidaten, die optisch als australische Ureinwohner zu identifizieren waren, in Wahlbezirken mit hohem Anteil an Ureinwohnern in der Bevölkerung deutlich überproportional gewählt wurden. Die Autoren vermuten, dass die Wähler die Hautfarbe als eine Art Heuristik für bestimmte Eigenschaften und Werte betrachten. Vereinfacht ausgedrückt könnte man also annehmen, dass die Wähler unbewusst davon ausgehen, dass Menschen, die ihre Herkunft teilen, auch ihre Werte teilen. Alles in allem spricht folglich einiges für einen Einfluss physischer Ähnlichkeit auf die politische Meinungsbildung. Allerdings ist dies bislang deutlich seltener untersucht worden als z. B. der Einfluss physischer Attraktivität.

6.2 Wirkungen von Gestik und Mimik

Im vorangegangenen Kapitel haben wir uns mit den Wirkungen statischer nonverbaler Kommunikationselemente beschäftigt, also solchen, die sich während einer Kommunikationssituation nicht verändern. In diesem und den folgenden Kapiteln soll es um die Wirkungen von dynamischen Kommunikationselementen gehen.

6.2 Wirkungen von Gestik und Mimik

Wir beginnen in diesem Kapitel mit den Einflüssen von Gestik und Mimik und unterscheiden dabei Studien, die sich mit den Wirkungen von Gestik und Mimik insgesamt beschäftigen, von Studien, die sich auf die Wirkung einzelner, besonders relevanter Elemente von Gestik und Mimik wie z. B. Lächeln oder Blickverhalten konzentrieren. Dabei werden wir uns vor allem mit der Frage beschäftigen, inwieweit die Meinungsbildung über Politiker von ihrer eigenen Gestik und Mimik beeinflusst wird. Gegen Ende des Kapitels werden wir aber auch diskutieren, ob die Meinungsbildung über Politiker auch von der Gestik und Mimik Dritter wie z. B. Zuschauern oder Journalisten abhängt.

Kombinierte Wirkungen von Gestik und Mimik

Wir haben bereits deutlich gemacht, dass die Gestik und Mimik von Menschen Rückschlüsse auf ihre Emotionen zulässt und dass andere Menschen relativ gut in der Lage sind, diese Rückschlüsse zu ziehen. Man kann anhand des nonverbalen Verhaltens anderer folglich recht gut erkennen, ob sie in einer gegebenen Situation fröhlich oder traurig, unsicher oder verärgert, hoffnungsvoll oder enttäuscht sind (Kap. 3). Dies gilt selbstverständlich auch für die Emotionen von Politikern. Stewart und Ford Dowe (2013) haben dies kürzlich noch einmal eindrucksvoll am Beispiel Barack Obamas verdeutlicht. Sie zeigten ihren Versuchspersonen eine Reihe von zwischen fünf und zehn Sekunden langen Ausschnitten aus einer Rede des Präsidenten. Diese wurden zuvor mit Hilfe des Facial Action Coding Systems (Kap. 4.1) analysiert, um zu erfassen, welche Emotionen Obamas Mimik zeigt. Die Versuchspersonen waren nach dem Ansehen der Ausschnitte insgesamt relativ gut in der Lage, Obamas Emotionen zu erkennen. Allerdings wirkten sich auch ihre Voreinstellungen gegenüber Obama und tendenziell auch ihre Hautfarbe auf ihre Einschätzungen aus.

Dieser Sachverhalt ist zwar bemerkenswert, darf aber dennoch nicht mit der Frage verwechselt werden, um die es uns hier eigentlich geht. Wir interessieren uns hier für den Einfluss von Gestik und Mimik auf die längerfristige politische Meinungsbildung. Uns interessiert also, ob die Tatsache, dass Menschen aus der Gestik und Mimik von Politikern deren Emotionen erkennen können, auch dazu führt, dass sie sich längerfristige Urteile über die Persönlichkeit der Politiker bilden. Dies verlangt letztlich, dass sie unbewusst von den augenblicklich erkennbaren Emotionen der Politiker auf deren grundsätzliche Persönlichkeit schließen. Sie nehmen folglich an, dass ein lachender Politiker nicht nur im Moment fröhlich, sondern ein grundsätzlich fröhlicher Mensch ist. Diese Generalisierung von der Situation auf die grundsätzliche Persönlichkeit kann man als *implizite Persönlichkeitstheorie* bezeichnen. Warum Menschen diese Schlüsse ziehen, ist umstritten. Man kann jedoch annehmen, dass es sich dabei um eine mehr oder weniger notwendige Heuristik zur Beurteilung von Menschen handelt, über die man (noch) wenig andere Informationen hat. Die über Gestik und Mimik vermittelten Emotionen sind folglich die einzig mögliche Urteilsgrundlage und werden deshalb generalisiert. In der politischen Kommunikation sind solche Generalisierungseffekte folglich insbesondere dann erwartbar, wenn es um die Meinungsbildung über Politiker geht, die den Urteilenden nicht bekannt sind.

Eines der umfassendsten und eindrucksvollsten Forschungsprogramme zum Einfluss von Gestik und Mimik auf die politische Meinungsbildung wurde in den 1980er und 1990er Jahren unter der Leitung von Siegfried Frey durchgeführt, den wir in einem vorangegangenen Kapitel (Kap. 4.1) bereits als den Entwickler des Berner Systems zur Analyse nonverbaler Kommunikation kennengelernt haben. In seinen Studien zur Wirkung nonverbaler politischer Kommunikation (im Überblick Frey 1999) zeigte er Versuchspersonen aus verschiedenen Ländern rund 10 s lange, tonlose Videoclips von insgesamt 180 verschiedenen Politikern, die den Versuchspersonen teilweise bekannt, teilweise aber auch unbekannt waren. Darunter waren z. B. Ausschnitte aus Pressekonferenzen, politischen Reden oder Interviews, in denen die Gestik und Mimik der Politiker gut erkennbar war. Weil die Ausschnitte keinen Ton enthielten, lassen sich die Reaktionen der Zuschauer eindeutig auf das nonverbale Verhalten der Politiker zurückführen. Frey und Kollegen führten dabei unterschiedliche Messungen durch. Zum einen wurde die emotionale Erregung der Probanden während des Ansehens der Ausschnitte über die Hautleitfähigkeit gemessen. Die Analysen zeigen, dass die Zuschauer auf einige der gezeigten Politiker sehr emotional reagierten, während andere nahezu keine emotionalen Reaktionen auslösten. Dabei genügte in einigen Fällen bereits der Anblick des Politikers, in anderen Fällen traten die Reaktionen erst im Lauf des Beitrags auf. Ersteres galt z. B. für den ehemaligen US-Präsidenten Ronald Reagan, den fast alle Zuschauer erkannt haben dürften, letzteres für eher unbekannte Politiker. Auch die Zuschauer unterschieden sich in ihren Reaktionen: Einige reagierten deutlich emotionaler als andere. Die apparative Messung der Hautleitfähigkeit gibt allerdings nur Auskunft über das Ausmaß der affektiven Erregung. Welche Art von Emotion durch die Ausschnitte ausgelöst wurde, kann damit nicht ermittelt werden. Studien, die den Einfluss der Gestik und Mimik von Politikern auf Emotionen durch Selbstauskünfte der Zuschauer vor und nach dem Ansehen von medial vermittelten Politikerauftritten gemessen haben, zeigen aber, dass die Gestik und Mimik der Redner z. B. Emotionen wie Angst und Ärger auslöst (z. B. Stewart et al. 2009).

Neben der emotionalen Erregung während des Ansehens der Ausschnitte haben Frey und Kollegen auch die Urteile der Versuchspersonen über die dargestellten Politiker erhoben. Dazu sollten die Probanden direkt nach dem Ansehen der Ausschnitte ihre Einschätzungen in Bezug auf 15 Eigenschaftspaare (z. B. sym-

6.2 Wirkungen von Gestik und Mimik

pathisch-unsympathisch, kompetent-inkompetent, interessant-langweilig usw.) angeben. Dabei ist zunächst erstaunlich, dass die Versuchspersonen sich anhand der kurzen und zudem tonlosen Ausschnitte überhaupt Urteile über die Politiker zugetraut haben. Dies bestätigt zum einen das so genannte Thin-Slice-Paradigm (Kap. 6.1), das davon ausgeht, dass sich Menschen bereits aufgrund sehr kleiner Bruchstücke nonverbaler Kommunikation Urteile über andere Menschen bilden. Zugleich spricht es für die Annahme einer politischen Meinungsbildung durch die Anwendung impliziter Persönlichkeitstheorien, weil die Probanden ihre spontanen Eindrücke offensichtlich verallgemeinerten. Allerdings lässt sich der Einfluss der Videoclips auf die Meinungsbildung nicht zweifelsfrei auf die Gestik und Mimik der Politiker zurückführen, weil auch das Aussehen der Politiker erkennbar war. Die Meinungsbildung könnte folglich auch durch statische nonverbale Kommunikationselemente wie die physische Attraktivität der Politiker verursacht sein. Um diesem Einwand zu begegnen, haben Frey und Kollegen einen damals sehr ungewöhnlichen Weg beschritten: Sie stellten die Originalvideos der Politikerauftritte mit computeranimierten Puppen nach, die exakt die gleichen Bewegungen ausführten, wie die Politiker, ansonsten aber neutral aussahen. Die Versuchspersonen wurden nun in zwei Gruppen geteilt: die einen sahen die Politiker im Original, die anderen Videoclips mit den animierten Puppen. Erstaunlicherweise fielen die Urteile der Probanden in den beiden Gruppen nahezu gleich aus. Dies galt für mehr oder weniger alle 15 Eigenschaftsdimensionen, also sogar für die Einschätzungen der Attraktivität der Politiker, auf die in der animierten Version offensichtlich aus den Bewegungen der Puppe geschlossen wurde. Darüber, welche Bewegungsabläufe für die positiven und negativen Eindrücke der Probanden verantwortlich sind, machen Frey und Kollegen vergleichsweise wenige Aussagen. Allerdings scheint einiges darauf hinzudeuten, dass eine bestimmte vertikale Kopfneigung, die sich auch auf vielen klassischen Gemälden wiederfindet, positive Eindrücke stark begünstigt. Die Befunde sprechen folglich eindeutig dafür, dass Gestik und Mimik zumindest einen von der physischen Attraktivität unabhängigen Einfluss auf die Meinungsbildung über Politiker haben. Prinzipiell deuten sie auch darauf hin, dass der Einfluss von Gestik und Mimik größer ist als der der physischen Attraktivität. Abbildung 6.2 zeigt dies am Beispiel des eher unbekannten amerikanischen Politikers Jesse Helms.

Die Idee, den Einfluss der Gestik von Politikern auf die politische Meinungsbildung mit Hilfe von Computeranimationen von anderen nonverbalen Einflüssen zu trennen, wurde zuletzt auch in einigen neueren Untersuchungen wieder aufgegriffen. So analysieren Koppensteiner und Grammer (2010) die Wirkung der Gestik von Politikern anhand kurzer Ausschnitte aus Bundestagsreden, indem sie die Bewegungen mit animierten Strichmännchen nachstellen. Als abhängige Variablen erfassen sie fünf grundsätzliche psychologische Persönlichkeitsdimensionen, die

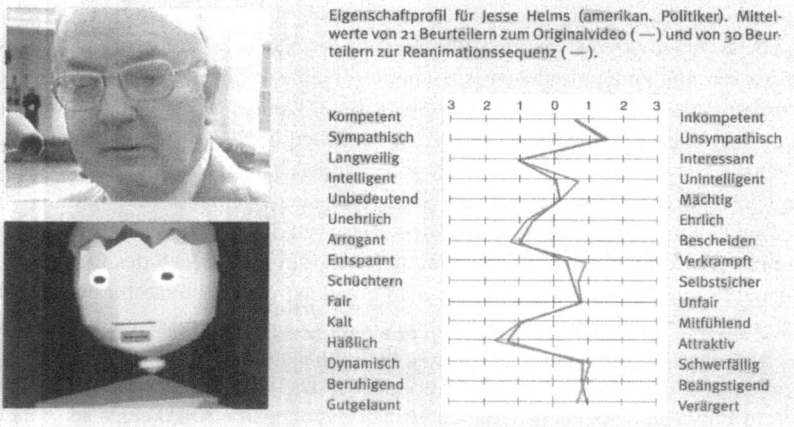

Abb. 6.2 Meinungsbildung anhand von Körperbewegungen – Politiker versus computeranimierte Puppen. (Quelle: Frey 1999, S. 137)

so genannten Big Five (Verträglichkeit, Gewissenhaftigkeit, Offenheit für Erfahrungen, Extraversion und Neurozitismus). Dabei kann man vor allem Verträglichkeit und Gewissenhaftigkeit als politisch relevante Urteilsdimensionen betrachten. Die Analysen zeigen, dass sich eine übermäßig starke nonverbale Aktivität während der Rede negativ auf die Einschätzung der Verträglichkeit auswirkt. Dies gilt insbesondere auch für starke vertikale Armbewegungen. Die Wahrnehmung von Gewissenhaftigkeit wurde von den Bewegungsmustern dagegen nicht beeinflusst. Mit Hilfe eines sehr ähnlichen Designs zeigen Kramer et al. (2010), dass Menschen aufgrund der Bewegungen von computeranimierten Strichmännchen, die den realen Bewegungen von Politikern in amerikanischen und britischen Fernsehdebatten nachempfunden waren, Schlüsse auf die körperliche Gesundheit der Politiker ziehen. Die Einschätzungen der körperlichen Gesundheit beeinflussten wiederum auch nach Kontrolle anderer wahrgenommener Persönlichkeitsmerkmale die Wahlabsichten der Probanden.

Gegen diese Art von Studien kann man allerdings einwenden, dass sie ausgesprochen künstlich sind. Die Versuchspersonen sehen eher realitätsferne Videoclips ohne Ton oder sich bewegende Strichmännchen, fühlen sich möglicherweise durch die experimentelle Situation dazu gedrängt, Urteile über diese abzugeben und ziehen deshalb die Bewegungsabläufe als einziges Urteilskriterium heran, das ihnen zur Verfügung steht. Die Urteile wären folglich möglicherweise völlig anders ausgefallen, wenn den Probanden wie in realen Entscheidungssituationen auch andere Urteilskriterien zur Verfügung gestanden hätten. Um diesem Einwand

6.2 Wirkungen von Gestik und Mimik

zu begegnen, haben Elizabeth Grabe und Erik Bucy (2009) den Einfluss von durch Gestik und Mimik vermittelten Emotionen der Kandidaten auf die Meinungsbildung der Wähler in einer umfangreichen Feldstudie untersucht. Sie kombinieren dabei eine Inhaltsanalyse der in den amerikanischen Fernsehnachrichten erkennbaren Emotionen der Kandidaten in den Präsidentschaftswahlkämpfen zwischen 1992 und 2004 mit täglich erhobenen Umfragedaten zur Beliebtheit der Kandidaten. Bei der Darstellung der Emotionen unterschieden sie grob zwischen positiven Emotionen wie Fröhlichkeit und Selbstsicherheit (hedonic display) und negativen Emotionen wie Ärger und Furcht (agonic display). Basis der Emotionscodierung waren unterschiedliche Aspekte von Gestik und Mimik. So galten als Hinweise auf die Emotion Furcht beispielsweise ein gesenkter Kopf, das Vermeiden von Blickkontakt oder plötzliche Bewegungen. Die Autoren knüpfen damit an Untersuchungen aus den 1980er Jahren an, die einen Einfluss der auf diese Weise erhobenen Emotionsdarstellungen auf die Emotionen und die politische Meinungsbildung der Rezipienten mit Hilfe experimenteller Untersuchungen nachgewiesen hatten (z. B. Masters et al. 1986; Sullivan und Masters 1988). Die Analysen zeigen, dass das im Fernsehen erkennbare nonverbale Verhalten der jeweiligen Kandidaten auch in realen Wahlkämpfen einen Einfluss auf die Meinungsbildung der Wähler hatte. Diese Effekte traten aber nicht immer auf und fielen zudem uneinheitlich aus: So sank die Beliebtheit Bill Clintons im Präsidentschaftswahlkampf 1992 zwar erwartungsgemäß, wenn er im Fernsehen mit überwiegend negativer Gestik und Mimik zu sehen war. Zugleich sank die Zustimmung für ihn aber auch, wenn er mit positiver Gestik zu sehen war. Negative Gestik und Mimik senkten zudem die Umfragewerte von Al Gore im Präsidentschaftswahlkampf 2000. Positive Gestik und Mimik verbesserten die Umfragewerte von George Bush 2004. In allen anderen Fällen waren allenfalls tendenzielle, aber nicht statistisch signifikante Effekte erkennbar.

Ähnliche Befunde liegen auch für Deutschland vor: Petersen und Jandura (2004) kombinierten eine Inhaltsanalyse der Presseberichterstattung über die Kanzlerkandidaten im Bundestagswahlkampf 2002, Gerhard Schröder und Edmund Stoiber, mit monatlichen Repräsentativbefragungen zur Wahrnehmung verschiedener Persönlichkeitseigenschaften der Kandidaten durch die Bevölkerung. Dabei erfassten sie grob, wie häufig die Kandidaten auf Pressefotos mit einem so genannten Minus-Gesicht (hängender Kopf, niedergeschlagener Blick, Abdeckung der unteren Gesichtshälfte durch die eigene Hand) dargestellt wurden. Die Analysen zeigen, dass Stoiber kurz vor der Wahl in der Presse immer häufiger mit einem Minus-Gesicht abgebildet wurde. Zugleich hielten ihn die Wähler für immer weniger vertrauenswürdig und ehrlich. Zwischen der negativen Bilddarstellung und den negativen Eindrücken der Wähler bestand im Zeitverlauf ein ausgesprochen hoher Zusammenhang, der sich allerdings dadurch etwas relativiert, dass lediglich drei Messzeitpunkte vorlagen. In Bezug auf Schröder waren solche Effekte nicht erkennbar. Der scheinbar erhebliche Einfluss von Gestik und Mimik auf die politische Meinungsbildung, der in experimentellen Untersuchungen festgestellt wurde, relativiert sich alles in allem folglich in Feldstudien, in denen die Wähler auch andere Urteilskriterien zur Verfügung haben.

Wirkungen einzelner Elemente von Gestik und Mimik

Während einige Studien versuchen, die gesamte Wirkung von Gestik und Mimik zu erfassen, ohne diese auf einzelne Kommunikationselemente zurückzuführen, beschäftigen sich andere Studien gezielt mit der Wirkung dieser einzelnen Kommunikationselemente. In diesem Abschnitt wollen wir die beiden Elemente von Gestik und Mimik beschäftigen, die im Bereich der politischen Kommunikation für besonders relevant gehalten werden und deren Wirkung deshalb vergleichsweise oft untersucht wird. Zunächst widmen wir uns dem Blickverhalten, bei dem wir wiederum zwei Aspekte unterscheiden wollen: die Blickrichtung und die Häufigkeit des Blinzelns. Anschließend diskutieren wir, welche Rolle das Lächeln eines Redners für die Meinungsbildung über ihn spielt.

In Bezug auf die *Blickrichtung* kann man annehmen, dass ein Redner überzeugender ist, wenn er Augenkontakt mit seinem Publikum sucht. Dieser positive Einfluss des Augenkontakts hat sich in der interpersonalen Kommunikation in ganz unterschiedlichen Zusammenhängen gezeigt. So sind Personen, die Augenkontakt suchen, erfolgreicher beim Einwerben von Spenden (Bull und Gibson Robinson 1981) oder beim Verteilen von Flugblättern (Kleinke und Singer 1979). Zugleich werden Gesprächspartner, die Augenkontakt suchen, nach einem Gespräch positiver beurteilt (Cook und Smith 1975). Der Blickkontakt wirkt dabei vermutlich auf zwei Ebenen positiv: Zum einen erwecken Personen, die Augenkontakt suchen, mit größerer Wahrscheinlichkeit die Aufmerksamkeit anderer. Zum anderen werden über den Augenkontakt auch positive Eigenschaften wie Sympathie und Glaubwürdigkeit kommuniziert (zusammenfassend Burgoon et al. 2002). Für die Wirkung des Blickkontakts ist zudem seine Dauer relevant. Insbesondere lang andauernder Blickkontakt vermittelt auch den Eindruck von Dominanz und wird deshalb nach einer gewissen Zeit als unangenehm empfunden (Thayer 1979). In der politischen Kommunikation wird der Einfluss des Blickkontakts auf die Meinungsbildung vor allem deshalb häufig diskutiert, weil er ein zentraler Bestandteil des Mythos um die Fernsehdebatten zwischen John F. Kennedy und Richard Nixon im amerikanischen Präsidentschaftswahlkampf 1960 ist. Insbesondere in der ersten der vier Debatten besiegte Kennedy seine Kontrahenten Nixon angeblich vor allem deshalb, weil er jünger und gesünder aussah und besser mit dem noch relativ neuen Medium Fernsehen umgehen konnte: Während Nixon beim Sprechen überwiegend Kennedy ansah, blickte Kennedy häufig direkt in die Kamera und suchte auf diese Weise den Blickkontakt zum Fernsehpublikum.

The Great Debates: Der Kennedy-Nixon-Mythos
Am 26. September 1960 standen sich Richard Nixon und John F. Kennedy in der ersten von vier einstündigen Fernsehdebatten im amerikanischen Präsidentschaftswahlkampf in einem CBS-Studio in Chicago gegenüber. Nixon war der Favorit, doch er hatte einen längeren Krankenhausaufenthalt hinter sich, bei dem er rund 15 Kilo abgenommen hatte. Von unzähligen Wahlkampfterminen gehetzt, traf er blass und kränklich aussehend im Studio ein. Zudem war er schlecht rasiert. Weil der deutlich jüngere und sonnengebräunte Kennedy nicht geschminkt werden wollte, verzichtete auch Nixon auf einen Maskenbildner. Während Kennedy während der Diskussion häufig in die Kamera blickte und so das Publikum vor dem Fernseher direkt ansprach, sah Nixon meist Kennedy an, als wolle er nicht die Zuschauer sondern ihn überzeugen. Nixon verlor das Duell und später die Wahl. Umfragedaten suggerierten allerdings, Kennedy habe das Duell nur bei den Fernsehzuschauern gewonnen, Nixon dagegen bei denjenigen, die die Debatte im Radio verfolgt hatten. Der Mythos vom Wahl entscheidenden Fernsehduell, in dem es mehr auf Äußerlichkeiten als auf die Diskussionsinhalte ankommt, war geboren. Tatsächlich ist es aus wissenschaftlicher Sicht heute kaum zu beantworten, warum Nixon die Debatten gegen Kennedy und später die Wahl verloren hat. Fest steht, dass bereits vor den Duellen ein langfristiger Trend zugunsten Kennedys Partei zu erkennen war. Fest steht ebenfalls, dass sich die Behauptung, Nixon habe die Debatte bei den Radiohörern gewonnen, beim Vergleich mehrerer Umfragen nicht halten lässt (Vancil und Pendell 1987). Fest steht schließlich auch, dass die Medien nach der ersten Debatte kaum etwas anderes thematisierten als Nixons schlechtes Aussehen. Es ist folglich unmöglich, zwischen den unmittelbaren Wirkungen der Eindrücke der Zuschauer und den Wirkungen der nachfolgenden Medienberichterstattung zu trennen. Dennoch hält sich der Mythos um die Kennedy-Nixon-Debatten hartnäckig. Auch in den deutschen Medien wird man vor jedem wichtigen Fernsehduell in unzähligen Beiträgen an ihn erinnert. Und selbst auf die Teilnehmer späterer Debatten wirkt er zurück: So erklärte beispielsweise Christian Wulff seine Niederlage im Fernsehduell im niedersächsischen Landtagswahlkampf 1998 gegen Gerhard Schröder in einem Interview damit, dass er zu selten in die Kamera gesehen habe, wenn er sprach.

Angesichts der Bedeutung, die diese eher anekdotische Evidenz in den letzten Jahrzehnten erlangt hat, gibt es bislang erstaunlich wenige empirische Belege für die Relevanz des Blickkontakts in der politischen Kommunikation. In einer Studie zum Fernsehduell zwischen Angela Merkel und Gerhard Schröder im Bundestagswahlkampf 2005 zeigen Nagel et al. (2012), dass zumindest die Blickrichtung Merkels einen Einfluss auf die Zuschauer hatte: Wenn Merkel direkt in die Kamera sah, wurde sie auch nach Kontrolle anderer verbaler und nonverbaler Verhaltensweisen etwas positiver wahrgenommen als wenn sie nicht in die Kamera sah. Schröders Blickverhalten hatte dagegen praktisch gar keinen Einfluss auf die Urteile der Zuschauer. Eine neuere Studie (Chen et al. 2013) suggeriert sogar, dass diese Befunde gar nichts mit dem Augenkontakt zwischen Redner und Zuschauer zu tun haben könnten. Die Autoren zeigen mit Hilfe von Eyetracking-Analysen, dass sich Fernsehzuschauer von Reden mit politischem Inhalt sogar weniger überzeugen lassen, wenn sie den Rednern in die Augen sehen. Deutlich stärker werden Zuschauer überzeugt, die den Rednern auf den Mund sehen. Diese Befunde unterstreichen den prinzipiell naheliegenden Gedanken, dass in Analysen der Wirkungen des Blickkontakts auch die Blickrichtung der Zuschauer einbezogen werden muss. In einer experimentellen Studie zur Wirkung politischer Fernsehinterviews (Ostertag 1991) zeigt sich schließlich, dass die Zuschauer im Gegenteil immer dann einen besonders positiven Eindruck von einem Teilnehmer hatten, wenn dieser seinem Diskussionspartner in die Augen sah. Dies kann man vermutlich damit erklären, dass dies als Ausdruck von Höflichkeit wahrgenommen wird. Teilnehmer von Fernsehdiskussionen stehen folglich vor dem Dilemma, dass sie ihre Blicke adäquat auf die Zuschauer und ihre Gesprächspartner verteilen müssen.

Die Rolle der *Blinzelfrequenz* eines Redners für die Meinungsbildung über ihn wird in den USA vor allem im Zusammenhang mit den Fernsehdebatten in den Präsidentschaftswahlen seit 2008 intensiv diskutiert. Bereits in den 1970er Jahren entwickelte der Psychologe Joseph Tecce die Hypothese, dass die Häufigkeit, mit der Menschen blinzeln, ein guter Indikator für ihre Emotionen ist. Demnach blinzeln Menschen deutlich häufiger, wenn sie negative Emotionen wie Furcht oder Ärger empfinden. Bei positiven Emotionen sinkt die Blinzelfrequenz dagegen (Tecce und Cole 1976). Nachdem diese Hypothese lange Zeit mehr oder weniger unbeachtet blieb, gelang es Tecce jüngst, die Aufmerksamkeit amerikanischer Medien mit der Behauptung auf sich zu ziehen, dass seit 1980 jeweils der Kandidat die Präsidentschaftswahl gewonnen habe, der in den Fernsehdebatten weniger häufig geblinzelt hat. Seitdem berichten viele große amerikanische Medien nach jeder Debatte über Tecces Blinzelanalysen, die im Unterschied zu komplexen Analysen des nonverbalen Verhaltens praktischer Weise auch sofort nach den Debatten zur Verfügung stehen, weil sie leicht zu erheben sind. In wissenschaftlicher Form liegen Tecces Befunde nur als unveröffentlichtes Manuskript vor (Tecce 2004),

6.2 Wirkungen von Gestik und Mimik

eine echte wissenschaftliche Publikation gibt es dazu nicht. Dafür sind die Analysen wahrscheinlich auch zu spekulativ: Sie zeigen allenfalls einen Zusammenhang, aber nicht zwingend eine Ursache-Wirkungs-Beziehung zwischen Blinzeln und Wahlergebnis, weil andere Erklärungsfaktoren für den Wahlausgang unberücksichtigt bleiben. Zudem scheinen sich die Befunde in den Fernsehdebatten während der parteiinternen Vorwahlkämpfe nicht zu bestätigen: 2008 gewannen Barack Obama und John McCain diese Vorauswahl, obwohl sie während der Debatten deutlich häufiger blinzelten als ihre Kontrahenten. Die Annahme, dass Wahlen durch die Blinzelfrequenz in Fernsehdebatten entschieden werden, ist folglich ausgesprochen unrealistisch. Eine differenziertere Betrachtung ermöglicht ein Blick in die Literatur zu den Einflüssen des Blinzelns außerhalb der politischen Kommunikation. Hierbei wird erstens deutlich, dass sich anhand der Blinzelfrequenz tatsächlich Emotionen wie z. B. Angst erkennen lassen (z. B. Harrigan und O'Connell 1996). Zugleich ist allerdings erkennbar, dass Tecces Annahmen über ihre Wirkung auf die Meinungsbildung allenfalls teilweise zutreffen. Einige neuere Studien zeigten Versuchspersonen kurze Videoclips, in denen Menschen oder computeranimierte Figuren mit sehr unterschiedlichen Blinzelfrequenzen zu sehen waren. Die Versuchspersonen sollten anschließend ihre Eindrücke von der Persönlichkeit der Dargestellten abgeben. Die Analysen zeigen weitgehend übereinstimmend, dass eine hohe Blinzelfrequenz den Eindruck von Nervosität und Leichtsinnigkeit vermittelt. Der Eindruck von Intelligenz entsteht am ehesten bei einer niedrigen Blinzelfrequenz. In einigen Fällen sind die Zusammenhänge aber auch kurvenlinear: So entsteht der Eindruck von Freundlichkeit am ehesten bei einer mittleren Blinzelfrequenz, während sowohl eine niedrige, als auch eine hohe Blinzelfrequenz den Eindruck von Unfreundlichkeit vermitteln (Omori und Myiata 2001; Takashima et al. 2008).

Einen vergleichsweise offensichtlichen Einfluss auf die politische Meinungsbildung sollte schließlich das *Lächeln* eines Politikers haben. Ein Lächeln kommuniziert in interpersonalen Kommunikationssituationen Vertrautheit und Sympathie (Burgoon et al. 1984). Lächelnde Menschen werden aber nicht nur als sympathischer, sondern auch als persuasiver und kompetenter wahrgenommen (Imada und Hakel 1977; Reis et al. 1990). Darüber hinaus entstehen ihnen in unterschiedlichen Lebenslagen Vorteile: So erhalten lächelnde Kellner z. B. höhere Trinkgelder, und selbst lächelnde Angeklagte können mit milderen Strafen rechnen (LaFrance und Hecht 1995). Das Lächeln scheint die Meinungsbildung dabei auch stärker zu beeinflussen als andere Elemente von Gestik und Mimik (Woodall et al. 1980). Der Einfluss des Lächelns auf die politische Meinungsbildung ist bislang dennoch eher selten untersucht worden. Relativ eindeutig ist dabei, dass Politiker davon profitieren, wenn sie auf Fotos lächeln. So haben Horiuchi et al. (2012) rund 1000 Porträtfotos von japanischen und australischen Politikern, die auf Wahlplakaten zu sehen waren, mit Hilfe einer Software daraufhin analysiert, wie stark die Kandidaten auf den Fotos lächelten. Die Werte, die von 0 bis 100 % reichen konnten, wurden anschließend verwendet, um den Wahlerfolg der Kandidaten zu prognostizieren. Auch nach Kontrolle anderer Kandidatenmerkmale wie Alter, Geschlecht und Rolle als Amtsinhaber oder Herausforderer trug die Frage, ob die Kandidaten auf den Plakaten lächelten, einen erheblichen Teil zur Erklärung ihres Stimmenanteils bei. Eine etwas andere Frage ist allerdings, ob Politiker auch während politischer Reden oder Fernsehdebatten lächeln sollten. Dabei ist zunächst offensichtlich, dass dies in sehr vielen Fällen nicht angebracht ist, z. B. weil es um politische Probleme geht, die eine ernsthafte Auseinandersetzung mit der Sache verlangen. Allerdings kann es durchaus sinnvoll sein, positive Botschaften mit einem Lächeln zu unterstreichen. Am deutlichsten hat dies Friederike Nagel (2012) in ihrer umfangreichen Studie zum Fernsehduell zwischen Gerhard Schröder und Angela Merkel im Bundestagswahlkampf 2005 belegt. Betrachtet man hier den simultanen Einfluss verschiedener verbaler und nonverbaler Kommunikationselemente auf die Eindrücke, die die Zuschauer während des gesamten Duells erhielten, zeigt sich kein Einfluss des Lächelns der beiden Kandidaten. Betrachtet man die Daten etwas detaillierter, wird aber deutlich, dass zumindest Angela Merkel in erheblicher Weise davon profitierte, wenn sie positive Botschaften, z. B. Aussagen über erfreuliche politische Entwicklungen oder Lob für ihre eigene Partei, mit einem starken Lächeln verband. Dieser Interaktionseffekt trat sowohl bei ihren Anhängern, als auch bei ihren Gegnern auf und war jeweils einer der stärksten Einflüsse auf die Eindrücke der Zuschauer überhaupt.

Wirkungen der Gestik und Mimik von Dritten

Wir haben uns bislang ausschließlich mit der Frage beschäftigt, wie die Meinungsbildung über einen Politiker durch seine eigene Gestik und Mimik beeinflusst wird. Einige Studien untersuchen jedoch auch, wie das nonverbale Verhalten anderer Personen die Meinungsbildung über einen Politiker beeinflusst. Bei diesen anderen Personen kann es sich einerseits um einen Gesprächspartner handeln, also z. B. einen politischen Kontrahenten in einer Fernsehdebatte oder einen Journalisten während eines Interviews. Andererseits kann die Meinungsbildung über einen Redner auch davon beeinflusst werden, welche nonverbalen Publikumsreaktionen z. B. während einer Rede oder einer Fernsehdebatte erkennbar sind.

Wir wollen uns hier zunächst mit den Wirkungen des nonverbalen Verhaltens der *Gesprächspartner* eines Politikers auf die Meinungsbildung über ihn befassen. Hierbei lassen sich wiederum zwei Effekte unterscheiden: Effekte der non-

6.2 Wirkungen von Gestik und Mimik

verbalen Reaktionen eines Zuhörers auf die Aussagen seines Kontrahenten (Kommentierungseffekte) und Effekte des nonverbalen Verhaltens einer Person auf die Wahrnehmung des nonverbalen Verhaltens einer anderen Person (Kontrasteffekte). Kommentierungseffekte können vor allem in Fernsehdebatten auftreten, wenn der zuhörende Kandidat die Ausführungen seines Kontrahenten nonverbal kommentiert. In den Übertragungen der deutschen Fernsehduelle entstehen solche Situationen nur gelegentlich, wenn die Regie neben dem sprechenden auch den zuhörenden Kandidaten einblendet. Dies kommt allerdings vergleichsweise selten vor, weil sich die Bildregie meist auf den Sprecher konzentriert (siehe Kap. 4.3.1). In den USA werden die Debatten dagegen seit einiger Zeit auch im so genannten Split-Screen-Verfahren übertragen, bei dem durchweg beide Kandidaten in getrennten Bildhälften zu sehen sind. Die dabei zu erkennenden nonverbalen Kommentierungen durch den politischen Kontrahenten fallen in der Regel negativ aus, sodass man zwei unterschiedliche Effekte vermuten kann: Entweder dem Kontrahenten gelingt es, den Sprecher durch seine ablehnende Gestik und Mimik unglaubwürdig erscheinen zu lassen, oder die ablehnende Gestik und Mimik wird von den Zuschauern als so unangemessen wahrgenommen, dass sie dem Zuhörenden eher schadet. Letzteres dürfte vor allem bei Anhängern des Redners der Fall sein, die das negative nonverbale Verhalten des Zuhörenden als einen Angriff auf „ihren" Kandidaten wahrnehmen. Tatsächlich kommen empirische Studien, die die Meinungsbildung von Debattenzuschauern im Split- und im Single-Screen-Verfahren verglichen haben, zu uneinheitlichen Befunden. Die Fernsehdebatten im amerikanischen Präsidentschaftswahlkampf 2004, in denen George W. Bush die Ausführungen seines Kontrahenten Kerry häufig nonverbal kommentierte, führten bei Bushs Anhängern zu einer Polarisierung: Sie verbesserten ihre Urteile über Bush und verschlechterten ihre Urteile über Kerry. Da bei den Anhängern Kerrys keine ähnlichen Effekte zu beobachten waren, hatte die nonverbale Kommentierung Bush folglich eher genützt (Scheufele et al. 2007). Zu anderen Ergebnissen kommen dagegen mehrere Studien, die Seiter und Kollegen zu verschiedenen amerikanischen Fernsehdebatten durchgeführt haben (zuletzt Seiter und Weger 2005). Sie zeigen übereinstimmend, dass sich eine starke nonverbale Kommentierung eher negativ auf den Kommentierenden und eher positiv auf den Redner auswirkt. Ähnliche Befunde zeigen sich auch in Friederike Nagels (2012) Studie zum Fernsehduell im Bundestagswahlkampf 2005. In den seltenen Fällen, in denen für die Fernsehzuschauer erkennbar war, dass ein Kandidat den anderen negativ nonverbal kommentierte, während dieser sprach, verbesserte sich jeweils der Eindruck, den die Zuschauer vom sprechenden Kandidaten hatten. Diese Kommentierungseffekte waren verglichen mit den Effekten, die die Gestik und Mimik des Redners auf die Meinungsbildung über ihn hatten, aber gering.

Auch die nonverbale Kommentierung durch Talkshow-Moderatoren kann die Meinungsbildung der Zuschauer über einen Redner beeinflussen: Wenn die Moderatoren die Ausführungen eines Gastes nonverbal positiv kommentieren, steigert dies die persuasive Wirkung des Redners auf die Zuschauer (Nabi und Hendriks 2003). Zudem beeinflusst die Kommentierung auch die Einschätzung der Integrität und der Persönlichkeit des Redners, wobei zusätzlich zum Teil erhebliche Interaktionseffekte zwischen dem nonverbalen Verhalten des Redners und der nonverbalen Kommentierung durch den Moderator zu beobachten sind (Haumer und Donsbach 2009). Darüber hinaus kann selbst die Mimik von Nachrichtensprechern die Meinungsbildung über Politiker beeinflussen. So analysierten Mullen et al. (1986) die Mimik von drei Nachrichtensprechern im amerikanischen Präsidentschaftswahlkampf 1984 und fanden, dass einer der drei eine deutlich positivere Mimik zeigte, wenn er über Ronald Reagan sprach, als wenn es um dessen Kontrahenten Walter Mondale ging. In einer gleichzeitig durchgeführten Bevölkerungsbefragung zeigte sich, dass diejenigen, die häufig die Nachrichtensendungen mit diesem Sprecher gesehen hatten, eher angaben, Reagan wählen zu wollen.

Eine ganz andere Frage ist schließlich, ob das nonverbale Verhalten der Teilnehmer an politischen Diskussionen auch die Eindrücke vom nonverbalen Verhalten der anderen Diskussionsteilnehmer beeinflusst (Kontrasteffekt). Belege für diese Annahme haben z. B. Kepplinger et al. (1990) in einer experimentellen Studie zu Fernsehinterviews gefunden: So vermittelte ein defensiv im Vergleich zu einem offensiv auftretenden Interviewer einen deutlich negativeren Eindruck von der Kompetenz und dem Durchsetzungsvermögen eines offensiv auftretenden Politikers. Umgekehrt beeinflusste auch das Auftreten des Politikers in ähnlicher Weise die Eindrücke, die die Zuschauer vom Journalisten erhielten. Offensichtlich wird das nonverbale Verhalten eines Redners folglich auch im Kontrast zum nonverbalen Verhalten anderer Diskussionsteilnehmer interpretiert.

Ein Einfluss der *Publikumsreaktionen* auf die Meinungsbildung über einen politischen Redner lässt sich unter anderem damit begründen, dass sich die Zuschauer bei ihrer Meinungsbildung vermutlich am nonverbalen Verhalten des übrigen Publikums orientieren. Vereinfacht ausgedrückt halten sie Redner für überzeugend, wenn andere nonverbal zum Ausdruck bringen, dass sie die Redner überzeugend finden. Im Grunde kann man dies als eine Form der heuristischen Meinungsbildung betrachten: Statt sich mit dem Inhalt einer Rede auseinanderzusetzen, wird die zur Schau gestellte Meinung anderer als einfache Urteilsgrundlage herangezogen. Diese Idee lässt sich bis ins 19. Jahrhundert zurückverfolgen, in dem bei Theateraufführungen bereits bezahlte Claqueure eingesetzt wurden, die durch ihren Applaus das übrige Publikum zum Klatschen animieren sollten. Auch heute besteht das Publikum politischer Talkshows oft zu einem nicht unerheblichen Teil aus organisierten Anhängern der jeweiligen Diskussionsteilnehmer, um sicherzustellen, dass der eigene Kandidat an den richtigen Stellen ausreichend Applaus erhält. Zugleich werden Parteitage und öffentliche Auftritte der Kandidaten so inszeniert, dass in den Fernsehberichten darüber möglichst große, ausdauernd jubelnde Menschenmengen zu sehen sind. Im Idealfall soll sich diese Begeisterung in den Urteilen der Fernsehzuschauer über den Kandidaten niederschlagen. Einen ersten überzeugenden empirischen Beleg für diese Annahme haben Duck und Baggaley (1975) vorgelegt. Sie zeigten ihren Versuchspersonen Ausschnitte aus Fernsehinterviews, bei denen das Publikum entweder positiv oder negativ auf die Ausführungen des Interviewten reagierte. Positive Publikumsreaktionen förderten vor allem die Einschätzung, der Sprecher sei kompetent. Bei negativen Publikumsreaktionen wurde der Sprecher nicht nur für weniger kompetent, sondern auch eher für langweilig und oberflächlich gehalten. Spätere experimentelle Studien kommen zu weniger eindeutigen Befunden: So traten Effekte der Publikumsreaktionen z. B. nur bei solchen Themen auf, zu denen die Zuschauer noch keine gefestigten Voreinstellungen hatten (Davis 1999). In anderen Studien wurden nur die Meinungen zum diskutierten Thema, nicht aber die Urteile über den Redner beeinflusst (Nabi und Hendriks 2003). Einen nicht-experimentellen Ansatz zur Beantwortung derselben Frage wählten schließlich Kepplinger und Maurer (1999). Sie erfassten in einer Inhaltsanalyse der Fernsehnachrichten vor der Bundestagswahl 1998 zunächst die Publikumsreaktionen auf rund 500 inszenierte (z. B. Parteitage) und nicht inszenierte (z. B. Bundestagsreden) Auftritte von Helmut Kohl und Gerhard Schröder. Gleichzeitig sollten die Codierer den Eindruck, den die Kandidaten bei ihren Auftritten hinterließen, spontan anhand einer Reihe von Persönlichkeitseigenschaften notieren (Rezeptionsanalyse, Kap. 4.1.2). Die Analysen zeigen, dass die Kandidaten insbesondere sympathischer, vertrauenswürdiger, energischer und durchsetzungsfähiger wirkten, wenn während ihres Auftritts positive Publikumsreaktionen erkennbar waren. Dies galt weitgehend unabhängig davon, ob es sich um inszenierte oder nicht inszenierte Auftritte handelte. Die Wirkung negativer Reaktionen konnte dagegen nicht untersucht werden, weil sie in den Fernsehnachrichten nur selten gezeigt wurden.

6.3 Wirkungen vokaler Kommunikation

Unter dem Begriff vokale Kommunikation fasst man alle parasprachlichen Kommunikationselemente zusammen. Im Rahmen der Forschung zur Wirkung politischer Kommunikation wurden dabei vor allem die Wirkung der Stimmfrequenz, der Sprechgeschwindigkeit und der Sprechlautstärke untersucht. Auch die Stimmmelodie und die dialektische Färbung zählen zur vokalen Kommunikation. Mit ihren Wirkungen hat sich die Forschung bislang aber weitaus seltener befasst. Einen Einfluss der vokalen Kommunikation von Politikern auf die Meinungsbildung über sie kann man aus mehreren Gründen vermuten: Zum einen lassen sich aus der vokalen Kommunikation, ähnlich wie aus der Gestik und der Mimik von Politikern, ihre Emotionen ablesen. So zeigen experimentelle Untersuchungen z. B., dass Menschen, die traurig sind, eher leise und langsam sprechen, während Menschen, die sich ärgern, eher laut und schnell sprechen (im Überblick z. B. Juslin und Scherer 2005). Zum anderen lässt sich die Eindrucksbildung anhand vokaler Kommunikation aber auch bewusst steuern. So können Menschen z. B. durch besonders lautes Sprechen den Eindruck von Stärke und Dominanz erwecken. Bei der Meinungsbildung anhand der vokalen Kommunikation generalisieren die Zuhörer, ähnlich wie bei der Meinungsbildung anhand von Gestik und Mimik, ihre aktuell erkennbaren Eindrücke von den Emotionen eines Redners zu grundsätzlichen Urteilen über ihn (Brown und Bradshaw 1985). Wir konzentrieren uns hier zunächst auf die Wirkungen der drei wichtigsten Merkmale vokaler Kommunikation: Stimmfrequenz, Sprechgeschwindigkeit und Lautstärke. Anschließend behandeln wir die Befunde von Studien, die sich mit der Wirkung der vokalen Kommunikation insgesamt befassen, ohne diese auf konkrete Kommunikationselemente zurückzuführen.

Wirkungen der Stimmfrequenz

Die durchschnittliche Frequenz weiblicher Stimmen liegt bei rund 250 Hz, die männlicher bei rund 120 Hz. Experimentelle Untersuchungen aus dem Bereich der Werbewirkungsforschung zeigen tendenziell, aber nicht einheitlich, dass tiefere Stimmen als glaubwürdiger und persuasiver wahrgenommen werden. Darüber hinaus wird die persuasive Wirkung erhöht, wenn ein Sprecher die Stimmfrequenz häufiger variiert (z. B. Gelinas-Chebat und Chebat 1992; Redecker 2008). Vor allem bei Männern kommuniziert eine tiefe Stimme zudem Dominanz (im Überblick Puts 2010). Im Gegensatz zu den meisten anderen Merkmalen vokaler Kommunikation wurde die Wirkung der Stimmfrequenz auch im Bereich der politischen Kommunikation zuletzt mehrfach untersucht. So analysierten Gregory und Gallagher (2002) 19 amerikanische Fernsehdebatten zwischen 1960 und 2000 mit einem elektronischen Analyseverfahren im Hinblick auf die Stimmfrequenz der Kandidaten und deren Variation im Verlauf der Debatte. Durch Korrelation dieser Messungen mit Indikatoren für die Popularität der Kandidaten zeigen sie, dass der Kandidat mit der tieferen Stimme und der größeren Variation in fast allen Fällen die Meinungsumfragen nach dem Duell und sogar in allen Fällen die jeweilige Präsidentschaftswahl gewann. Wir haben zwar bereits im Zusammenhang mit einer ähnlich angelegten Studie zum Blinzelverhalten während der Debatten (Kap. 6.2) deutlich gemacht, dass solche monokausalen Korrelationsanalysen zur Erklärung von Wahlentscheidungen nicht gut geeignet sind. Allerdings zeigen sich ähnliche

Befunde auch in experimentellen Studien. So manipulierten Tigue et al. (2012) Tonaufnahmen von neun amerikanischen Präsidenten, indem sie deren Stimmfrequenz mit Hilfe eines Computerprogramms künstlich um 20 Hz erhöhten oder senkten. Nachdem den Versuchspersonen beide Versionen vorgespielt wurden, sollten sie unter anderem angeben, welche der beiden Stimmen sie dominanter, intelligenter, kompetenter und vertrauenswürdiger finden. Darüber hinaus sollten sie angeben, den Besitzer welcher Stimme sie bei einer Präsidentschaftswahl eher wählen würden. Die Versuchspersonen entschieden sich in allen Fällen signifikant eher für die tiefere Stimme. Im Hinblick auf das Wahlverhalten galt dies beispielsweise für zwei Drittel der Befragten. In einem ähnlichen Experiment manipulierten Klofstad, Anderson und Peters (2012) die Stimmfrequenzen von Männern und Frauen, die den Satz „Ich bitte Sie darum, im nächsten November für mich zu stimmen" sagten. Unabhängig vom Geschlecht des Sprechers entschieden sich männliche und weibliche Probanden jeweils für den Kandidaten bzw. die Kandidatin mit der tieferen Stimme. Eine Studie zum Einfluss der Stimmfrequenz auf die Meinungsbildung über Politiker unter natürlichen Bedingungen hat schließlich Friederike Nagel (2012) anhand des Fernsehduells zwischen Gerhard Schröder und Angela Merkel im Bundestagswahlkampf 2005 durchgeführt. Sie analysierte die Stimmfrequenz der beiden Kandidaten mit einem Computerprogramm und verglich sie mit einer sekundengenauen RTR-Analyse der Eindrücke, die die Zuschauer während des Duells von den Kandidaten hatten. Die Analysen zeigen, dass Schröders Stimmfrequenz nach Kontrolle einer großen Zahl von anderen Kommunikationselementen nur einen sehr geringen Einfluss auf die Meinungsbildung über ihn hatte: Lediglich Zuschauer, die mit seiner Kontrahentin sympathisierten, nahmen ihn etwas negativer wahr, wenn er mit höherer Stimme sprach. Dagegen hatte Merkels Stimmfrequenz einen erheblichen Einfluss auf die Meinungsbildung über sie: Sie wurde immer dann besonders positiv wahrgenommen, wenn sie mit höherer Stimmfrequenz sprach als üblich. Dies kann man möglicherweise damit erklären, dass sie verglichen mit anderen Frauen mit einer eher tiefen Stimme spricht (während des Duells durchschnittlich 219 Hz) und die Zuschauer deshalb besonders positiv reagierten, wenn sie weiblicher klang als üblich. Insgesamt deuten die Befunde folglich mehr oder weniger eindeutig darauf hin, dass tiefe Stimmen zumindest männlichen Politikern nützen. Die Befunde für weibliche Politiker sind dagegen uneinheitlich.

Wirkungen der Sprechgeschwindigkeit

Die durchschnittliche Sprechgeschwindigkeit eines Menschen liegt bei rund 300 Silben pro Minute. Geschwindigkeiten von rund 250 bis rund 380 Silben pro Minute werden beim Zuhören als angenehm empfunden (Buller 2005). Im Hinblick auf die Wirkung der Sprechgeschwindigkeit zeigen mehrere experimentelle Studien, in denen den Versuchspersonen identische Texte in unterschiedlichen Sprechtempi vorgelesen wurden, dass ein im Vergleich zu diesen Durchschnittswerten leicht erhöhtes Sprechtempo den günstigsten Eindruck von einem Redner vermittelt. Redner, die etwas schneller sprechen als der Durchschnitt, werden vor allem als intelligenter, kompetenter und vertrauenswürdiger wahrgenommen (z. B. Smith et al. 1975; Apple et al. 1979). Erklärt wurde dies damit, dass die Zuhörer das Sprechtempo als einen nonverbal vermittelten Hinweis auf die Kompetenz des Kommunikators betrachten, möglicherweise weil ein leicht erhöhtes Sprechtempo unbewusst auf ein kluges Zeitmanagement des Redners schließen lässt (Miller et al. 1976). Bei einem zu schnellen Tempo kehrt sich dieser Effekt allerdings wieder um, da die Rede dadurch unverständlich wird und der Sprecher hektisch wirkt. Zudem scheint ein erhöhtes Sprechtempo in der Werbung tendenziell nicht persuasiver zu sein (Redecker 2008). In ihrer umfangreichen Analyse des Fernsehduells im Bundestagswahlkampf 2005 fand Friederike Nagel (2012) nach Kontrolle anderer verbaler und nonverbaler Einflussfaktoren allerdings keinen Einfluss der Sprechgeschwindigkeit auf die Meinungsbildung über die beiden Kandidaten mehr. Allerdings sprachen Schröder und Merkel beide im Verlauf des Duells ohne große Variationen überwiegend in mittlerem Sprechtempo, sodass ein solcher Effekt aufgrund fehlender Varianz auch rein statistisch nicht messbar war.

Wirkungen der Sprechlautstärke

Ein normales Gespräch hat eine Lautstärke von etwa 60 Dezibel, lautes Rufen eine Lautstärke von etwa 75 Dezibel. Tendenziell zeigen experimentelle Studien mit in der Lautstärke variierten Reden, dass Redner, die laut sprechen, von den Versuchspersonen als dominanter, kompetenter und glaubwürdiger wahrgenommen werden (Aronovitch 1976; Gelinas-Chebat et al. 1996). Allerdings zeigen einige Studien auch, dass leise Stimmen persuasiver sein können (Gelinas-Chebat und Chebat 1992). Dies kann man vermutlich damit erklären, dass leises Sprechen die Aufmerksamkeit der Zuhörer erhöht. Der Vorteil des lauten Sprechens reduziert sich auch dadurch, dass laut sprechende Redner als aggressiv wahrgenommen werden (Page und Balloun 1978). Relativ gut belegt ist dagegen, dass eine starke Variation der Lautstärke persuasiver wirkt (z. B. Scherer 1978). Auch dies kann man vermutlich darauf zurückführen, dass sie eine Rede lebendiger wirken lässt und die Aufmerksamkeit der Zuhörer erhöht. Die Effekte der Lautstärke auf die Wirkung politischer Kommunikation wurden wiederum in der Studie von Nagel (2012) zum Fernsehduell im Bundestagswahlkampf 2005 untersucht. Allerdings zeigen ihre Daten, dass die Lautstärke, mit der die Kandidaten im Fernsehduell im Bundestagswahlkampf 2012 sprachen, nach Kontrolle anderer Kommunikationselemente keinen signifikanten Einfluss mehr auf die Eindrücke von den Kandidaten hatte.

Kombinierte Wirkungen vokaler Kommunikation

Einige Studien zur Wirkung vokaler Kommunikation setzten schließlich nicht an einzelnen Kommunikationselementen an, sondern untersuchen die Wirkung mehrerer vokaler Kommunikationselemente simultan (Sprachstil). Dabei unterscheiden sie meist zwischen kraftvoller und kraftloser Sprache. Eine kraftvolle Sprache ist dabei durch eine bestimmte Kombination der oben diskutierten Elemente vokaler Kommunikation gekennzeichnet: z. B. eine tiefe Stimmfrequenz, eine überdurchschnittliche Lautstärke und einen flüssigen Sprachablauf ohne Pausen. In einigen Studien wird hierunter zusätzlich auch eine klare und dialektfreie Aussprache subsumiert. Experimentelle Studien hierzu zeigen weitgehend übereinstimmend, dass Redner mit einem kraftvollen Sprachstil als glaubwürdiger, vertrauenswürdiger, kompetenter, sozialer und attraktiver wahrgenommen werden als Redner mit einem kraftlosen Sprachstil (Burrell und Koper 1998; Areni und Sparks 2005). Surawski und Ossoff (2006) ließen Versuchspersonen zunächst die Attraktivität der Stimmen von männlichen und weiblichen Politikern einschätzen. In einem experimentellen Design wurden dann anderen Versuchspersonen Tonbandaufnahmen von zuvor als besonders attraktiv und besonders unattraktiv beurteilten Stimmen in Kombination mit attraktiven und unattraktiven Politikerfotos präsentiert. Anschließend sollten die Versuchspersonen die Politiker anhand einer Reihe von Persönlichkeitseigenschaften beurteilen. Dabei führten die unattraktiven Stimmen dazu, dass die Politiker als weniger kompetent und vertrauenswürdig eingeschätzt wurden. Der Effekt der Attraktivität der Stimmen war allerdings geringer als der Effekt der physischen Attraktivität der Politiker.

6.4 Wirkungen journalistischer Darstellungstechniken

Wir haben in einem früheren Kap. (2.2) zwischen dem realen und dem dargestellten nonverbalen Verhalten von Politikern unterschieden und dabei deutlich gemacht, dass die Wirkungen nonverbaler Medienkommunikation auf die politische Meinungsbildung nur zum Teil in der Hand der Protagonisten liegen, über die sich die Rezipienten Urteile bilden. Darüber hinaus hängt ihre Wirkung auch von einer Reihe journalistischer Darstellungstechniken ab, die dafür sorgen, dass das in den Medien erkennbare nonverbale Verhalten in vielen Fällen vom realen Verhalten der Politiker abweicht. Wir wollen uns in diesem Kapitel deshalb mit den Wirkungen nonverbaler journalistischer Darstellungstechniken befassen. Dabei beschränken wir uns auf drei Aspekte der nonverbalen Darstellung, die empirisch besonders häufig untersucht wurden: die Wirkungen unterschiedlicher Kameraperspektiven, die Wirkungen unterschiedlicher Einstellungsgrößen und die Wirkungen des Split-Screen-Verfahrens. Wir diskutieren dabei auch die Ursachen dieser Wirkungen und argumentieren, dass man zwei Arten von Ursachen unterscheiden muss: Zum einen können die Darstellungstechniken per se die Meinungsbildung der Rezipienten beeinflussen. Solche Wirkungen entstehen z. B., weil Nahaufnahmen eines Politikers dem Betrachter eine große Nähe zum Urteilsobjekt suggerieren, die sich möglicherweise positiv auf die Meinungsbildung auswirkt. Zum anderen entscheiden die Darstellungstechniken aber auch darüber, welche Realitätsausschnitte für die Rezipienten erkennbar werden. Wirkungen entstehen dann z. B., weil eine Nahaufnahme die Mimik eines Politikers wesentlich besser erkennen lässt als eine Totale. Die Wirkungen journalistischer Darstellungstechniken müssen deshalb immer auch im Zusammenspiel mit dem realen nonverbalen Verhalten der Politiker interpretiert werden.

Wirkungen von Kameraperspektiven

Fotos und Filmaufnahmen von Politikerauftritten können aus unterschiedlichen Kameraperspektiven aufgenommen werden. Dabei kann man zunächst grob zwischen der Draufsicht (Vogelperspektive), der Untersicht (Froschperspektive) und der Perspektive auf Augenhöhe unterscheiden (Abb. 6.3). Draufsicht und Untersucht können wiederum unterschiedlich stark ausgeprägt sein. In der empirischen Forschung wurden dabei Kamerawinkel zwischen etwa ± 10 und ± 30° untersucht.

Draufsicht Augenhöhe Untersicht

Foto: AP (www.sueddeutsche.de)   Foto: afp (www.swp.de)   Foto: picture alliance (www.cicero.de)

Abb. 6.3 Beispiele für Kameraperspektiven

6.4 Wirkungen journalistischer Darstellungstechniken

Die Annahme, dass die Kameraperspektive einen Einfluss auf die Meinungsbildung über die dargestellten Personen hat, stammt ursprünglich aus der Filmtheorie. Verschiedene Filmtheoretiker haben seit den 1930er Jahren weitgehend übereinstimmend vermutet, dass Personen, die aus der Draufsicht gefilmt werden, als schwach und unbedeutend wahrgenommen werden, während Personen, die aus der Untersicht gefilmt werden, selbstbewusst und überlegen, zugleich aber auch arrogant und unheimlich wirken (zusammenfassend Kepplinger 1987, S. 92). Auch in einer Ende der 1970er Jahre durchgeführten Befragung von Kameramännern teilten diese nahezu einheitlich die Ansicht, dass es ihnen möglich sei, eine Person mit rein optischen Mitteln besonders positiv oder negativ darzustellen. Auf die Nachfrage, welche Kameraperspektiven einen besonders positiven Eindruck von der dargestellten Person hinterließen, nannten zwei Drittel die Perspektive auf Augenhöhe. Rund ein Fünftel nannte die Untersicht, die nach Ansicht der Kameraleute vor allem den Eindruck von Kraft vermittelt. Die Draufsicht wurde nur von rund 5 % der Befragten favorisiert. Allgemein wurde sie am ehesten mit Schwäche und Leere assoziiert (Kepplinger 1987).

Die Eindrücke von Filmtheoretikern und Kameraleuten sagen allerdings noch relativ wenig darüber, ob und wie die verschiedenen Kameraperspektiven die Meinungsbildung über Politiker tatsächlich beeinflussen. Dazu wurden vor allem in den 1970er und 1980er Jahren einige experimentelle Untersuchungen durchgeführt, in denen die Versuchspersonen Politiker oder Nachrichtensprecher, die aus unterschiedlichen Perspektiven gefilmt wurden, beurteilen sollten. Dabei zeigen sich zwar in allen Studien grundsätzlich Belege für einen Einfluss der Kameraperspektiven auf die Meinungsbildung. Die Einflüsse zeigen sich aber jeweils nur unter bestimmten Bedingungen, die wiederum von Studie zu Studie variieren. Zudem liegen kaum eindeutige Befunde dazu vor, welche Kameraperspektiven welche Wirkungen entfalten. In den meisten Studien führt eine leichte bis mittlere Untersicht (etwa −12 bis −14°) zur besten Bewertung des Redners. Dabei wirken die Redner in der leichten Untersicht vor allem stärker, dominanter, aktiver, glaubwürdiger und tendenziell auch klüger und erfolgreicher (Mandell und Shaw 1973; Kraft 1987). Allerdings liegen auch gegenteilige Befunde vor (McCain et al. 1977). Um diese Widersprüche aufzuklären, unterschied Kepplinger (1987) zwei Gruppen von positiven Persönlichkeitseigenschaften, die in unterschiedlicher Weise von der Kameraperspektive beeinflusst werden: Die Perspektive auf Augenhöhe und die leichte Unter- und Draufsicht vermittelten wesentlich eher den Eindruck, dass die dargestellten Politiker zurückhaltend und friedlich sind, als Aufnahmen aus der starken Unter- und Draufsicht. Dagegen vermittelte die starke Unter- und Draufsicht eher den Eindruck, die Politiker seien entspannt und aktiv. Dabei wird auch deutlich, dass der Zusammenhang zwischen dem verwendeten Kamerawinkel und der Wahrnehmung der Eigenschaften nicht linear, sondern kurvenlinear ist. So werden die Politiker bei Aufnahmen aus leichter Untersicht ähnlich wahrgenommen wie bei Aufnahmen aus extremer Untersicht, jedoch völlig anders als bei Aufnahmen aus mittlerer Untersicht. Kepplingers Untersuchungen ermitteln darüber hinaus zwei bemerkenswerte Randbedingungen des Einflusses der Kameraperspektive auf die politische Meinungsbildung: Sie zeigen zum einen, dass Anhänger eines Politikers durch die Kameraperspektive stärker beeinflusst werden als Gegner und politisch Ungebundene. Dies kann man vermutlich damit erklären, dass die Rezipienten dem von ihnen präferierten Kandidaten mehr Aufmerksamkeit entgegenbringen und deshalb sensibler auf die Darstellung reagieren. Zum anderen zeigen sie, dass die Eindrücke der Rezipienten nach dem Ansehen eines Fernsehbeitrags mit wechselnden Kameraperspektiven vor allem durch die letzte Perspektive geprägt werden. Offensichtlich addieren sich die Eindrücke, die anhand unterschiedlicher Perspektiven gewonnen wurden, nicht auf, sondern werden beim Perspektivwechsel immer wieder neu gebildet. Ob es sich bei diesen Befunden um ein vom Stimulusmaterial unabhängiges, generelles Muster handelt und wie diese Befunde gegebenenfalls zu erklären sind, ist bislang allerdings weitgehend unklar, weil die Forschung zur Wirkung von Kameraperspektiven seit den 1980er Jahren praktisch nicht mehr fortgesetzt wurde.

Wirkungen von Einstellungsgrößen

Als Einstellungsgröße bezeichnet man das Größenverhältnis einer abgebildeten Person zum gesamten Bildfeld. Die verschiedenen Einstellungsgrößen werden nicht immer und überall gleich bezeichnet, grob kann man aber zwischen Großaufnahme (nur der Kopf ist zu sehen), Nahaufnahme (Kopf und Schultern sind zu sehen), Halbnahe (Person ist bis zur Hüfte zu sehen), amerikanische Einstellung (Person ist bis zum Knie zu sehen), Halbtotale (Kopf bis Fuß einer Person ist zu sehen) und Totale (ein oder mehrere Personen sowie deren Umgebung sind zu sehen) unterscheiden (Abb. 6.4).

Hieraus wird bereits unmittelbar erkennbar, warum man von einem Einfluss der Einstellungsgröße auf die Meinungsbildung über die dargestellten Politiker ausgehen kann: Sie entscheidet darüber, welche Elemente der nonverbalen Kommunikation eines Politikers für die Rezipienten überhaupt erkennbar werden. Da wir bereits deutlich gemacht haben, dass die Mimik eines Politikers Aufschluss über seine Emotionen gibt und deshalb zur Meinungsbildung über ihn herangezogen wird (Kap. 6.2), können wir annehmen, dass eine Großaufnahme, in der die Mimik gut erkennbar ist, einen anderen Eindruck von einem Politiker vermittelt als eine

6.4 Wirkungen journalistischer Darstellungstechniken

Großaufnahme　　　　　　Halbnahe　　　　　　　Totale

Foto: AP　　　　　　Foto: AP (www.sueddeutsche.de)　Foto: dpa (www.berlin.de)
(www.sueddeutsche.de)

Abb. 6.4 Beispiele für Einstellungsgrößen

Totale, in der die Mimik den Zuschauern weitgehend verborgen bleibt. Da wir zudem wissen, dass sich auch die Gestik eines Politikers auf die Meinungsbildung über ihn auswirkt, können wir umgekehrt annehmen, dass dieser Einfluss nur bei weiten Einstellungsgrößen wirksam wird, in denen die Gestik erkennbar wird. Ob und auf welche Weise die Einstellungsgröße die politische Meinungsbildung beeinflusst, hängt dann von der jeweiligen Gestik und Mimik der dargestellten Politiker ab, weil der Effekt primär von ihr ausgeht. Allerdings kann man vermuten, dass die Einstellungsgröße, ähnlich wie die Kameraperspektive, darüber hinaus auch per se einen Einfluss auf die politische Meinungsbildung hat. Dabei kann man annehmen, dass insbesondere Groß- und Nahaufnahmen von Politikern Nähe zwischen dem Politiker und dem Betrachter suggerieren, die zu einer stärkeren Identifikation und zu einer positiveren Bewertung führen können. Die Totale wirkt dagegen distanziert und schränkt die Identifikation mit den Dargestellten ein, weil diese auch mit dem Bildhintergrund um Aufmerksamkeit konkurrieren (z. B. Bucy und Newhagen 1999). Wir können folglich zwei Mechanismen der Meinungsbildung anhand der Einstellungsgröße unterscheiden, die sich auch gegenseitig konterkarieren können, z. B. dann, wenn ein Politiker in an sich günstiger Großaufnahme gezeigt wird, dabei aber eine unvorteilhafte Mimik zeigt.

Im Bereich der politischen Kommunikation wurde die Wirkung von Einstellungsgrößen zuerst von Kepplinger (1987) untersucht. Er zeigte in einem Experiment drei Probandengruppen eine politische Rede in Großaufnahme, Nahaufnahme und in der amerikanischen Einstellung. Entgegen den Erwartungen wirkte der Redner in der amerikanischen Einstellung insgesamt am positivsten sowie vor allem sympathischer, erfolgreicher und selbstsicherer als in der Nahaufnahme. Allerdings war das Gesicht des Redners im Experiment teilweise von einem ungünstig wirkenden Mikrofon verdeckt, das die Eindrücke der Zuschauer umso stärker negativ beeinflusst haben dürfte, je stärker das Gesicht im Mittelpunkt der

Aufnahme stand. Neuere Untersuchungen sprechen dagegen für eine positivere Wirkung von Groß- und Nahaufnahmen. So zeigten Bucy und Newhagen (1999) den Teilnehmern einer Gruppendiskussion vier Auftritte von Bill Clinton im Präsidentschaftswahlkampf 1992 in unterschiedlichen Kontexten, darunter ein Interview, in dem Clinton in Nahaufnahme zu sehen war, sowie Ausschnitte aus einer Fernsehdebatte und einem Fernsehspot, in dem keine Nahaufnahmen vorkamen. Die Diskussionen in den vier Gruppen wurden aufgezeichnet und mit einem diskursanalytischen Verfahren ausgewertet. Die Analysen zeigen, dass diejenigen, die das Interview in Nahaufnahme gesehen hatten, sich deutlich stärker mit Clinton identifizierten und eine deutlich positivere Meinung über ihn hatten als diejenigen, die einen Auftritt ohne Nahaufnahmen gesehen hatten. In einer Reihe von Experimenten, in denen den Versuchspersonen mit Schauspielern nachgestellte Diskussionen zwischen zwei fiktiven politischen Kandidaten vorgespielt wurden, zeigt Mutz (2007) darüber hinaus, dass Großaufnahmen von Politikern im Unterschied zu Aufnahmen in der amerikanischen Einstellung die emotionale Erregung der Zuschauer und ihre Erinnerung an die präsentierten Argumente erhöhen. Sie führen zudem aber auch zu einer Polarisierung der Meinungen der Zuschauer über die Politiker und über die präsentierten Argumente: Die weniger favorisierten Politiker und ihre Argumente werden besonders negativ beurteilt, wenn die Diskussion in Großaufnahme rezipiert wurde.

Wirkungen des Split-Screen-Verfahrens

Wir haben bereits in einem früheren Kap. (6.2) deutlich gemacht, dass das Split-Screen-Verfahren eine vor allem in den Fernsehdebatten vor den amerikanischen Präsidentschaftswahlen verwendete Darstellungstechnik ist. Obwohl sich die Kandidaten mit den Fernsehsendern vor den Debatten 2004 auf ein Verbot der Split-Screen-Technik verständigt hatten, wurde dieses von mehreren Sendern ignoriert – offensichtlich, weil sie annahmen, dass der geteilte Bildschirm die Debatten für die Zuschauer dramatischer und spannender wirken lässt. Im Split-Screen-Verfahren sind fortwährend beide Kandidaten in je einer Hälfte des Bildschirms zu sehen, so dass auch die nonverbalen Reaktionen des jeweiligen Zuhörers auf die Argumente des Redners erkennbar werden. Einflüsse des Split-Screen-Verfahrens lassen sich deshalb weniger auf das Verfahren selbst, sondern auf die damit vermittelten Informationen zurückführen: Werden die Debatten im Split-Screen gezeigt, erhalten die Zuschauer zusätzliche Informationen, anhand derer sie die Kandidaten beurteilen können. Wir haben die Wirkungen des Split-Screen-Modus auf die politische Meinungsbildung deshalb bereits im Zusammenhang mit den Effekten der Gestik und Mimik eines zuhörenden Gesprächspartners auf die Meinungsbildung über einen Redner (Kommentierungseffekt) diskutiert. Dabei haben wir gezeigt, dass sich die nonverbale Kommentierung der präsentierten Argumente durch den Zuhörer, die im Split-Screen-Verfahren erkennbar wird, je nach Debattenverlauf sowohl positiv als auch negativ auf die Meinungsbildung über den Redner auswirken kann (Kap. 6.2). Allerdings zeigen sich Split-Screen-Effekte nicht nur im Hinblick auf die Meinungsbildung über die Kandidaten: So zeigten Cho et al. (2009) in einer experimentellen Studie den Probanden Debattenausschnitte im Split- oder im Single-Screen-Verfahren. Anschließend sollten die Probanden einen fiktiven Zeitungsbericht über die Debatte lesen, in dem entweder politische Sachfragen oder das Auftreten der Kandidaten im Vordergrund standen. Dabei zeigte sich erstens, dass diejenigen, die die Debatte im Split-Screen-Modus gesehen hatten, den Umgang der Kandidaten miteinander als unhöflicher und respektloser einschätzten, als diejenigen, die die Debatte im Single-Screen-Modus gesehen hatten. Darüber hinaus hatte der Modus, in dem die Debatte gesehen wurde, zwar keinen direkten Einfluss auf die Politikverdrossenheit der Zuschauer. Allerdings waren diejenigen stärker politikverdrossen, die die Debatte im Split-Screen-Modus gesehen hatten und den Zeitungsbeitrag gelesen hatten, in dem das Auftreten der Kandidaten im Vordergrund stand (Interaktionseffekt).

6.5 Kombinierte Wirkungen des nonverbalen Kommunikationskanals

Wir haben uns in den vorangegangenen Kapiteln mit Studien beschäftigt, die die Wirkung einzelner nonverbaler Kommunikationselemente auf die politische Meinungsbildung untersucht haben. Andere Studien sind weniger an den Wirkungen einzelner Kommunikationselemente interessiert als an den Wirkungen des nonverbalen Kommunikationskanals insgesamt. Typisch für diese Fragestellung sind so genannte Medienvergleiche, also experimentelle Studien, in denen die Versuchspersonen einen ansonsten identischen Politikerauftritt in zwei verschiedenen Versionen präsentiert bekommen: Während die eine Versuchsgruppe eine vollständige Fernsehversion mit Bild und Ton sieht, hört die andere Gruppe eine Radioversion, ohne das Bild zu sehen. Treten Unterschiede in der Wirkung der beiden Stimuli auf, lassen sich diese in der experimentellen Logik zweifelsfrei durch die nonverbalen Informationen in der Fernsehversion erklären. Solche Wirkungen kann man als kombinierte Wirkungen nonverbaler Kommunikation bezeichnen, weil sie aus der Kombination verschiedener Elemente nonverbaler Kommunikation entstehen, die sich in diesem Untersuchungsdesign nicht trennen lassen: der physischen Attraktivität sowie der Gestik und Mimik der Protagonisten, aber auch der nonverbalen journalistischen Darstellungstechniken. In ähnlicher Form lassen sich die Wirkungen von Presseberichten mit unterschiedlichen Fotos vergleichen. Auch in diesem Fall hält das Foto zusätzliche Informationen bereit, die die Meinungsbildung der Rezipienten beeinflussen können: das Aussehen und das auf einem Foto erkennbare nonverbale Verhalten der Protagonisten. Beides wird wiederum maßgeblich durch das Selektionsverhalten von Journalisten bestimmt, die in der Regel auf eine Vielzahl von Fotos zurückgreifen können, die ganz unterschiedliche Eindrücke von den Dargestellten vermitteln. Der Fokus dieser Studien liegt folglich auf der Wirkung visueller Kommunikation, während andere nonverbale Kommunikationskanäle wie z. B. die vokale Kommunikation keine Rolle spielen. Wir wollen im Folgenden die Befunde solcher Studien systematisieren und unterscheiden dabei zwischen Studien zur Wirkung von Fernsehbildern und zur Wirkung von Pressefotos.

Wirkungen von Fernsehbildern

Als ab Ende der 1960er Jahre immer mehr Menschen in den westlichen Demokratien über ein Fernsehgerät verfügten, begann sich die Wissenschaft für die Frage zu interessieren, ob sich die politische Meinungsbildung anhand von Fernsehbildern systematisch von der Meinungsbildung anhand der bis dahin dominierenden Medien, Hörfunk und Zeitung, unterscheidet. Bereits diese frühen Studien entwickelten das heute noch häufig verwendete Design des Medienvergleichs, also des Vergleich der Urteile zweier Probandengruppen, von denen die eine eine Fernsehversion und die andere eine Hörfunkversion eines ansonsten gleichen Medienbeitrags rezipiert. Als Stimulusmaterial wurden dabei meist politische Fernsehdiskussionen verwendet, weil sie gleich mehrere Vorteile mit sich bringen: Die teilnehmenden Politiker können ihre nonverbale Kommunikation weitgehend frei gestalten. Da sie vergleichsweise lange im Bild sind, ist es wahrscheinlich, dass eine große Bandbreite nonverbaler Kommunikationselemente erkennbar wird. Da solche Diskussionsrunden zudem meist mindestens zwei Teilnehmer haben, können die Effekte für mehrere Protagonisten verglichen werden, um zu prüfen, ob die Befunde personenspezifisch oder über den Einzelfall hinaus generalisierbar sind.

In einer frühen Studie dieser Art zeigte Kepplinger (1987) zwei Probandengruppen die Fernsehdiskussion der vier Spitzenkandidaten im Bundestagswahlkampf 1976 (Helmut Schmidt, Hans-Dietrich Genscher, Helmut Kohl und Franz Josef Strauß) in einer Hörfunk- bzw. einer Fernsehversion. Anschließend erfragte er die Eindrücke, die die Probanden von den Kandidaten hatten, auf einem se-

6.5 Kombinierte Wirkungen des nonverbalen Kommunikationskanals

mantischen Differential mit 22 Skalen. Dabei erschien Kohl in der Fernsehversion beispielsweise signifikant nervöser und emotionsreicher, während Schmidt dort verschlossener und emotionsärmer wirkte. Von den 88 möglichen Unterschieden in den Urteilen der Befragten (22 Eigenschaftspaare mal vier Kandidaten) waren 12 statistisch signifikant. Betrachtet man alle 22 Skalen zusammen, wirkte Schmidt in der Hörfunkversion signifikant positiver, während Genscher in der Fernsehversion einen positiveren Eindruck hinterließ. Bei Kohl und Strauß waren keine signifikanten Unterschiede erkennbar.

Vor allem die im Bundestagswahlkampf 2002 erstmals ausgetragenen TV-Duelle belebten die Forschung zu solchen Medienvergleichen in Deutschland neu. Anknüpfend an den Mythos um die vermeintlich unterschiedlichen Urteile von Fernsehzuschauern und Radiohörern in der ersten Fernsehdebatte im amerikanischen Präsidentschaftswahlkampf 1960 (siehe Kap. 6.2), wurden gleich mehrere Experimente zur Wirkung der beiden Duelle zwischen Gerhard Schröder und Edmund Stoiber auf die Urteile von Hörern und Sehern durchgeführt. Dabei fanden Holtz-Bacha et al. (2005) nur wenige und eher unsystematische Unterschiede in den Urteilen der Probandengruppen. So erschien Schröder nach der ersten Debatte in der Fernsehversion signifikant ehrlicher, selbstsicherer und sympathischer, während Stoiber nach der zweiten Debatte in der Hörfunkversion ehrlicher wirkte. Auf die Einschätzung, wer das Duell gewonnen habe, hatten die Rezeptionsbedingungen keinen Einfluss. Auch Ziegler et al. (2007) stellten in einem ähnlich angelegten Experiment nur geringe Unterschiede zwischen Hörern und Sehern fest. Allerdings unterschieden sich die Urteile dieser beiden Gruppen deutlich von denen einer dritten Gruppe, die ein Transkript der Debatte vorgelegt bekam. Faas und Maier (2004) erweiterten dieses Design um eine RTR-Messung während der Debatte. Auf diese Weise konnten sie nicht nur messen, welche Urteile Hörer und Seher nach dem Ansehen der Duelle über die Kandidaten hatten, sondern auch aufzeigen, wann während der Duelle besonders große Wahrnehmungsunterschiede auftraten. Dabei zeigte sich, dass insbesondere die Anhänger von Stoiber diesen während des Duells deutlich positiver wahrnahmen, wenn sie ihn sehen konnten. Die Autoren führten dies darauf zurück, dass Stoiber vor allem während des ersten der beiden Duelle häufig in die Kamera lächelte. Ein etwas anderes Untersuchungsdesign wählten Haumer und Donsbach (2009). Statt den Probanden eine reale Debatte in einer Fernseh- oder einer Radioversion zu zeigen, konstruierten sie zwei Versionen einer fiktiven politischen Talkshow: In der einen Version zeigte der dort auftretende Politiker ein aktives, in der anderen ein passives nonverbales Verhalten. Die Analysen zeigen, dass dem nonverbal aktiven Politiker zwar in höherem Maße Führungsqualitäten zugeschrieben wurden. Dagegen zeigten sich bei der Einschätzung seiner Integrität, seiner Problemlösungskompetenz und seiner Persönlichkeit keine Effekte des nonverbalen Verhaltens.

Ähnlich ambivalente Befunde liegen auch für Fernsehdebatten in den USA vor. So verbesserte Bill Clinton durch eine Fernsehdebatte im Präsidentschaftswahlkampf 1992 sein Image nur bei den Probanden, die die Debatte in einer Radioversion rezipiert hatten. Ross Perot verbesserte sein Image bei Radiohörern und Fernsehzuschauern gleichermaßen, während das Image von George Bush in beiden Gruppen gleichermaßen unverändert blieb (McKinnon et al. 1993). In einem bemerkenswerten Experiment versuchte schließlich Druckman (2003) die unterschiedlichen Wirkungen der ersten Kennedy-Nixon-Debatte im Präsidentschaftswahlkampf 1960 auf Hörer und Seher vierzig Jahre später zu replizieren. Dazu zeigte er zwei Gruppen von Studierenden die gesamte Debatte mit bzw. ohne die Fernsehbilder. Die Analysen zeigen erstens Unterschiede in den Urteilskriterien von Hörern und Sehern: Diejenigen, die die Debatte nur gehört hatten, beurteilten die beiden Kandidaten wesentlich stärker danach, ob sie mit deren Argumenten inhaltlich übereinstimmten. Diejenigen, die die Kandidaten auch gesehen hatten, zogen dagegen stärker ihre Einschätzung der Integrität der Kandidaten als Urteilskriterium heran. Die Fernsehbilder erhöhten folglich den Einfluss von Persönlichkeitsmerkmalen auf die Meinungsbildung über die Kandidaten (Image-Priming). Zweitens zeigte sich zwar in beiden Gruppen, dass sich Probanden mit geringem Vorwissen weniger gut an die Inhalte der Debatte erinnern konnten als Probanden mit hohem Vorwissen. Dies galt jedoch für die Gruppe der Hörer noch deutlich stärker als für die Gruppe der Seher. Die Fernsehbilder halfen folglich, die Kluft in der Erinnerung von Rezipienten mit hohem und geringem Vorwissen zu verringern.

Wirkungen von Pressefotos

Ob unterschiedliche Fotos einer Person den Betrachtern unterschiedliche Eindrücke von der dargestellten Person vermitteln, wird bereits seit rund 100 Jahren untersucht (im Überblick Kepplinger 1987, S. 165 ff.). In der Forschung zur politischen Kommunikation sind solche Experimente bislang aber vergleichsweise selten. In einer klassischen Studie zur Meinungsbildung über Politiker anhand von Fotos konstruierten Rosenberg und McCafferty (1987) vorteilhafte und unvorteilhafte Porträts von fiktiven Kandidaten im amerikanischen Präsidentschaftswahlkampf 1984. Die Probanden in ihren Experimenten erhielten jeweils zwei Kandidaten-Flyer, wobei die erste Probandengruppe das vorteilhafte Foto des einen Kandidaten und das unvorteilhafte Fotos des anderen Kandidaten zu sehen bekam. In der zweiten Probandengruppe wurden die Fotos vertauscht. Nach dem Ansehen der Flyer wurden die Probanden gebeten, sich in einer fiktiven Wahl für einen der beiden

6.5 Kombinierte Wirkungen des nonverbalen Kommunikationskanals

Kandidaten zu entscheiden. In drei ihrer vier Experimente hatte die Manipulation der Fotos einen Einfluss auf das Wahlergebnis. Die Probanden tendierten jeweils stärker dazu, den Kandidaten zu wählen, dessen Flyer das vorteilhafte Foto enthielt. Barrett und Barrington (2005) führten ein ähnliches Experiment im Kontext der Presseberichterstattung über Politiker durch. Sie fügten einem ansonsten identischen Pressebericht über einen realen, den Probanden aber unbekannten Politiker ein vorteilhaftes, ein unvorteilhaftes oder gar kein Foto bei. Nach dem Lesen des Artikels sollten die Versuchspersonen unter anderem ihren Gesamteindruck von dem Kandidaten abgeben und einschätzen, wie wahrscheinlich es ist, dass sie in einer Wahl für ihn stimmen würden. Dabei beurteilten diejenigen, die das vorteilhafte Foto gesehen hatten, den Politiker durchweg positiver als diejenigen, die das unvorteilhafte Foto gesehen hatten.

Beide Studien untersuchen den Einfluss von künstlich manipulierten Fotos auf die Meinungsbildung über fiktive bzw. unbekannte Politiker. Ob Pressefotos von Politikern auch dann die Meinungsbildung über die Politiker beeinflussen, wenn es sich um reale Fotos von bekannten Politikern handelt, hat Kepplinger (1987) untersucht. In einer aufwändigen Mehrmethodenstudie stellte er zunächst fest, dass die beiden Nachrichtenmagazine *Stern* und *Time* Anfang der 1980er Jahre sehr unterschiedliche Fotos von prominenten Politikern wie Ronald Reagan, Leonid Breschnew, Helmut Schmidt und Hans-Dietrich Genscher abdruckten. So druckte beispielsweise *Time* deutlich häufiger vorteilhafte Fotos von Reagan als der *Stern*. In einem an diese Befunde anschließenden Experiment erhielten die Probanden eine Serie typischer Fotos aus den genannten Medien und sollten nach dem Betrachten ihre Urteile über die Politiker anhand von 19 Persönlichkeitseigenschaften abgeben. In einigen Fällen unterschieden sich die Urteile, die die Probanden anhand der Bilder gewannen, signifikant voneinander. So hinterließ Reagan beispielsweise anhand der Fotos in *Time* einen deutlich kompetenteren Eindruck als anhand der Fotos im *Stern*. Zugleich wirkte er offener, intelligenter, beherrschter und heiterer. In der Mehrzahl der Fälle unterschieden sich die Urteile der Probanden aber nicht voneinander. Alles in allem deuten die Befunde folglich darauf hin, dass die Einflüsse von Fotos auf die Beurteilung bekannter Politiker geringer ausfallen als ihre Einflüsse auf die Beurteilung unbekannter Politiker. Dies unterstreicht auch eine neuere Studie zur Wirkung der Bildberichterstattung über Angela Merkel in der Euro-Krise (Dobner und Geiß 2013). Die Autoren verglichen die Wirkung eines Fotos von Merkel, auf dem sie isoliert von anderen Politikern zu sehen war, mit den Wirkungen eines Fotos, auf dem sie inmitten anderer Regierungschefs abgebildet wurde. Die Probanden sollten unter anderem einschätzen, wie isoliert Merkel in der Euro-Krise ist und wie sich ihr Verhältnis zu anderen europäischen Regierungschefs darstellt. Die in diesem Fall nahezu vollständig ausbleibenden

Bildwirkungen erklären die Autoren vor allem damit, dass die Urteile der Probanden vermutlich stärker durch die intensive Medienberichterstattung über Merkels Rolle in der Euro-Krise geprägt waren als durch das einzelne Bild, das ihnen im Experiment gezeigt wurde.

Neben Studien zum Einfluss von Pressefotos auf die Meinungsbildung über Politiker werden in der Forschung zur nonverbalen politischen Kommunikation gelegentlich auch Studien zum Einfluss von Pressefotos auf die Meinungsbildung über politische Sachfragen durchgeführt. Diese konzentrieren sich in der Regel auf die Wirkung potenziell emotionalisierender Bilder. Dem liegt die Annahme zugrunde, dass sich Zeitungsleser eher von lebendigen, anschaulichen und dramatischen Bildern beeindrucken lassen als von nüchternen Texten. Experimentelle Studien stützen diese Annahme allerdings nur teilweise. So legten Domke et al. (2002) den Probanden ihres Experiments einen retrospektiven Magazinbeitrag über den Vietnam-Krieg vor. Während eine Versuchsgruppe den Beitrag mit einem dramatischen Foto von Teilnehmern einer Antikriegsdemonstration vorgelegt bekam, las die andere Versuchsgruppe den Beitrag ohne Foto. Als abhängige Variablen wurden vier Indikatoren für das Vertrauen in und die Zufriedenheit mit der amerikanischen Regierung erhoben. Die Hinzunahme des Fotos beeinflusste zwei der vier Indikatoren. In beiden Fällen führte das Bild zu einer positiveren Bewertung der Regierung. Zugleich stärkte das Vorhandensein des Fotos die Zusammenhänge zwischen den verschiedenen Einstellungen der Probanden zur Regierung. In einer Studie zur Legitimierung von Bundeswehreinsätzen in Krisengebieten verglichen Scheufele und Gasteiger (2007) die Wirkung eines Fotos von betroffenen Kindern mit der Wirkung eines Fotos von Soldaten. Wie erwartet, stimmten die Probanden den Einsätzen eher zu, wenn sie einen Zeitungsbeitrag gelesen hatten, der mit dem Kinderfoto illustriert war. Deutlich geringere Effekte zeigten sich dagegen in einer ähnlich angelegten Studie zur Meinungsbildung über Menschen, die in Entwicklungsländern entführt wurden (Maurer und Reuter 2008). Ob der Entführte mit einem einheimischen Kind abgebildet war, das ihn als Entwicklungshelfer erscheinen ließ, oder lediglich ein kühles Porträtfoto des Entführten zu sehen war, spielte für die Personenwahrnehmung, die Verantwortungszuschreibung und die Emotionen der Probanden kaum eine Rolle. Nur wenn der Zeitungsbeitrag keinerlei Informationen über den Reisegrund des Entführten enthielt, beurteilten ihn die Probanden in der Kinderfoto-Version etwas positiver, weil das Bild hier offensichtlich die Informationslücke schloss, die der Text hinterließ. Gar keine Effekte zeigten sich schließlich in einer wiederum sehr ähnlichen Studie zur Wirkung von potenziell emotionalisierenden Unglücksbildern (Petersen 2006). Ob auf Pressefotos von Kriegsruinen auch einheimische Kinder abgebildet waren oder nicht, spielte für die Urteile und Emotionen der Befragten keinerlei Rolle. Ob Bilder aus Erdbebengebieten betroffene Menschen zeigten oder ausschließlich Ruinen, beeinflusste die Urteile und Emotionen der Befragten ebenfalls nicht. Der Autor führt diese Befunde vor allem darauf zurück, dass seine Studie nicht als klassisches Laborexperiment angelegt war, in dem Medienwirkungen generell oft überschätzt würden. Stattdessen lasen die Befragten die Zeitungsartikel im Rahmen einer repräsentativen Befragung, die bei ihnen zuhause durchgeführt wurde.

Die Befunde zu den kombinierten Effekten des nonverbalen Kommunikationskanals lassen sich folglich als sehr ambivalent charakterisieren: Während einige Studien zum Teil erhebliche Wirkungen von Fernsehbildern oder Pressefotos auf die politische Meinungsbildung finden, zeigen andere geringe oder gar keine Effekte. Um diesen scheinbaren Widerspruch aufzuklären, müssen wir uns noch einmal vor Augen führen, dass der visuelle Kommunikationskanal per se keine Effekte verursachen kann. Die Effekte gehen von den einzelnen visuell vermittelten Kommunikationselementen aus, deren Wirkungen wir in den vorangegangenen Kapiteln diskutiert haben. Mit anderen Worten verändert das bloße Vorhandensein eines Fotos die Eindrücke der Rezipienten noch nicht. Das Foto muss auch urteilsrelevante Informationen vermitteln. Ebenso ist es für die Meinungsbildung über einen Politiker, der sich in einer Fernsehdebatte nonverbal komplett unauffällig verhält, weitgehend irrelevant, ob sein nonverbales Verhalten zu sehen ist oder nicht. Welche Effekte von einem Kommunikationskanal ausgehen, hängt folglich vor allem davon ab, welches nonverbale Verhalten der Protagonisten für die Zuschauer erkennbar wird. Weil dies von Fall zu Fall variiert, sind generelle Aussagen über die Stärke der kombinierten Effekte nonverbaler Kommunikation kaum möglich. Man kann allenfalls festhalten, dass der nonverbale Kommunikationskanal für die politische Meinungsbildung relevant wird, wenn bestimmte wirkungsstarke nonverbal vermittelte Kommunikationselemente erkennbar sind.

Die Wirkungen verbaler und nonverbaler politischer Kommunikation im Vergleich

7

Zusammenfassung

In diesem Kapitel wollen wir abschließend die Wirkung nonverbaler politischer Kommunikation mit der Wirkung verbaler politischer Kommunikation vergleichen, um die bislang präsentierten Befunde besser einordnen zu können. Dazu diskutieren wir zunächst, warum man auch von einem erheblichen Einfluss verbaler Kommunikationselemente auf die politische Meinungsbildung ausgehen kann. Im Anschluss daran erläutern wir unterschiedliche Untersuchungsdesigns, mit deren Hilfe die relativen Effekte verbaler und nonverbaler Kommunikation auf die politische Meinungsbildung verglichen werden können. Wir diskutieren die Befunde der entsprechenden Studien und führen sie auf das jeweils gewählte Untersuchungsdesign zurück.

Bislang haben wir uns in diesem Band ausschließlich mit nonverbaler politischer Kommunikation beschäftigt. Dabei haben wir gezeigt, dass diese unter bestimmten Bedingungen einen mehr oder weniger großen Einfluss auf die politische Meinungsbildung hat. Sie steht dabei aber in der Regel in Konkurrenz zu den verbal vermittelten Eindrücken, die die Rezipienten von Politikern gewinnen. Deshalb wollen wir im abschließenden Kapitel die Frage beantworten, wie groß der Einfluss nonverbaler politischer Kommunikation im Vergleich zum Einfluss verbaler politischer Kommunikation ist. Wie im vorangegangenen Kapitel (Kap. 6.5) geht es uns folglich auch hier vordergründig um die kombinierten Wirkungen der beiden Kommunikationskanäle, obwohl wir bereits deutlich gemacht haben, dass die Wirkungen nicht von den Kanälen selbst, sondern von den dort vermittelten Kommunikationselementen ausgehen. Als besonders wirkungsstarke nonverbale Kommunikationselemente haben wir in diesem Band z. B. physische Attraktivität, Gestik, Mimik und verschiedene nonverbale journalistische Darstellungstechniken (visuelle Kommunikation) sowie Sprechgeschwindigkeit, Lautstärke und Stimmfrequenz (vokale Kommunikation) identifiziert (Kap. 6). Die wirkungsstarken verbalen Kommunikationselemente lassen sich grob unterteilen in Elemente, die den Inhalt einer Botschaft konstituieren, und Elemente, die die Aussagekraft einer Botschaft unterstreichen. Zu den Elementen, die den Inhalt einer Botschaft konstituieren, gehören insbesondere das Thema, über das ein Politiker spricht, sowie die Position, die er dabei vertritt. Dabei kann man annehmen, dass Politiker besonders positiv wahrgenommen werden, wenn sie über Themen sprechen, bei denen sie bzw. ihre Partei als besonders kompetent gelten (Issue-Ownership-Theorie). Zudem fallen die Urteile über einen Redner besonders positiv aus, wenn das Publikum seine politischen Standpunkte teilt. Andere relevante Merkmale des Kommunikationsinhalts sind z. B., ob ein Politiker positiv über seine eigenen Ziele spricht oder den politischen Gegner kritisiert und ob er überwiegend Sachthemen oder überwiegend Personen thematisiert. Zu den Elementen, die die Aussagekraft einer Botschaft unterstreichen, gehören insbesondere Kommunikationsstrategien, die die persuasive Wirkung einer Botschaft erhöhen. Dabei handelt es sich z. B. um Evidenzen (Belege in Form von Zahlen, Zitaten oder Beispielen), emotionale Appelle (z. B. Furchtappelle), strategische Ambiguität (zweideutige und vage Aussagen, denen im Grunde nicht widersprochen werden kann) sowie verschiedene klassische rhetorische Stilmittel wie Metaphern, rhetorische Fragen und Ironie (im Überblick Nagel 2012, S. 26 ff.). Ähnlich wie der nonverbale setzt sich folglich auch der verbale Kommunikationskanal aus einzelnen Kommunikationselementen zusammen, die die Meinungsbildung über Politiker in erheblichem Maße prägen können. Wir können deshalb davon ausgehen, dass auch der verbale Kommunikationskanal einen erheblichen Einfluss auf die politische Meinungsbildung hat. Deshalb wollen wir im Folgenden die Studien systematisieren, die die Wirkung des verbalen und des nonverbalen Kommunikationskanals direkt miteinander verglichen haben. Wir unterscheiden dabei fünf verschiedene Untersuchungsdesigns und werden zeigen, dass die Befunde der Studien in erheblichem Maße von der Wahl des Untersuchungsdesigns abhängen.

> **Ein Bild (Blick) sagt mehr als tausend Worte**
> Diese in vielen Ländern verbreitete Weisheit verdankt ihre heutige Popularität wohl vor allem zwei Werbeanzeigen aus den 1920er Jahren. 1921 warb ein gewisser Fred R. Barnard in einem amerikanischen Magazin der Werbebranche mit dem Slogan „One look is worth a thousand words" für Werbeplakate auf Straßenbahnen. Sechs Jahre später schaltete er im selben Magazin eine Anzeige unter dem Titel „One picture is worth ten thousand

> words". Um sicherzugehen, dass die Leser seine Idee ernstnahmen, behauptete er diesmal, es handele sich dabei um ein altes chinesisches Sprichwort. Bis heute wird der Satz deshalb nicht selten zu Unrecht Konfuzius zugeschrieben. Zwar lassen sich auch ältere Belege für ähnliche Gedanken finden, z. B. in verschiedenen literarischen Werken aus dem 18. und 19. Jahrhundert sowie in journalistischen Texten und Werbeanzeigen, die rund 10 Jahre vor Barnards Kampagnen erschienen. Die weltweite Verbreitung des „Sprichworts" setzte allerdings erst ab den 1920er Jahren ein.

7.1 Experimente zur Wirkung inkonsistenter Stimuli

Die meisten frühen Experimente zum Vergleich der Wirkung verbaler und nonverbaler Kommunikation lassen sich der so genannten Inkonsistenzforschung zuordnen. In diesen Experimenten erhalten die Probanden Stimuli mit sich widersprechenden verbalen und nonverbalen Informationen. Der Kanal, der sich unter diesen Bedingungen durchsetzt, gilt als der Kanal mit dem stärkeren Wirkpotenzial. Ein Beispiel hierfür sind die bereits mehrfach diskutierten Experimente zur Mehrabian-Formel, in denen z. B. positive und negative Wörter (verbale Kommunikation) mit positivem und negativem Tonfall (nonverbale vokale Kommunikation) kombiniert wurden. Andere Studien kombinierten positive und negative Sätze mit positiven und negativen Gesichtsausdrücken der Sprecher (z. B. Argyle et al. 1971). Relevant sind in diesem Design nur die inkonsistenten Versuchsbedingungen: Führt z. B. die Kombination aus einem positiven Wort und einem negativen Gesichtsausdruck zu einem negativen Eindruck von der Stimmung des Sprechers, gilt dies als ein Beleg für die Überlegenheit nonverbaler Kommunikation. Eine solche Dominanz des nonverbalen Kommunikationskanals zeigt sich nicht nur in Mehrabians Experimenten, sondern in nahezu allen Inkonsistenzstudien aus den 1960er und 1970er Jahren. Heute werden solche Experimente allerdings kaum noch durchgeführt, weil sie sich mit sehr künstlichen Kommunikationssituationen beschäftigen. Tatsächlich ist die menschliche Kommunikation nur selten inkonsistent, und Probanden, die solche Situationen in Experimenten beurteilen sollen, werden aufgrund der unnatürlichen Stimuli möglicherweise wenig valide Urteile fällen. Einen eindrucksvollen Beleg für diese Annahme lieferten Trimboli und Walker (1987), indem sie den Anteil der inkonsistenten Botschaften in ihrem Stimulusmaterial experimentell variierten. Wenn die Probanden ausschließlich inkonsistente Botschaften erhielten, setzte sich wie in den meisten Inkonsistenzstudien der nonverbale Kommunikationskanal klar durch. Je stärker die inkonsistenten Botschaften aber durch konsistente ergänzt wurden, desto stärker verschwand die nonverbale Dominanz. Nach Ansicht der Autoren führt die unnatürlich inkonsistente Kommunikationssituation dazu, dass den Probanden die unpassenden nonverbalen Signale besonders auffallen und bewusst oder unbewusst stärker zur Meinungsbildung herangezogen werden. Dieser Effekt verschwindet, wenn die inkonsistenten Botschaften in eine stärker natürliche Kommunikationssituation eingebettet werden.

7.2 Experimente zur Wirkung künstlich inhaltsgleicher Stimuli

Wir haben bereits in einem früheren Kapitel (4.3.3) deutlich gemacht, dass verbale und nonverbale Informationen einen unterschiedlichen Informationsgehalt aufweisen. Mit anderen Worten vermittelt ein Politiker mit dem, was er sagt, andere Informationen als mit seinem nonverbalen Verhalten, und Pressefotos von Politikern enthalten andere Informationen als die dazugehörigen Texte. Experimente, die den Einfluss verbaler und nonverbaler Kommunikation vergleichen wollen, stehen folglich vor der Frage, wie sie mit diesem Phänomen umgehen sollen. Wir werden später sehen, dass sich die meisten Forscher dafür entscheiden, den unterschiedlichen Informationsgehalt verbaler und nonverbaler Kommunikation als gegeben hinzunehmen. Sie stellen sich folglich die Frage, wie das Wirkungsverhältnis von verbaler und nonverbaler Kommunikation unter natürlichen Bedingungen aussieht. Einige Studien haben sich dagegen dafür entschieden, den Informationsgehalt verbaler und nonverbaler Kommunikation künstlich anzugleichen. Diese Studien beantworten folglich eher die theoretische Frage, welches Gewicht verbale und nonverbale Kommunikation für die politische Meinungsbildung hätten, wenn sie die exakt gleichen Informationen vermitteln würden. Das umfangreichste dieser Experimente hat Holicki (1993) durchgeführt. Sie verglich die Wirkung von positiven und negativen Pressefotos von bekannten und unbekannten Politikern mit der Wirkung von inhaltlich exakt identischen Bildbeschreibungen. Dabei ging sie in zwei Schritten vor: Im ersten Schritt bekamen die Probanden entweder das Foto eines Politikers oder die inhaltlich identische Bildbeschreibung vorgelegt. Anschließend sollten sie unter anderem eine Reihe von Persönlichkeitseigenschaften des Politikers beurteilen. Dabei zeigten sich im Großen und Ganzen kaum Unterschiede in der Wirkung von Text und Bild. Im zweiten Schritt kombinierte die Autorin Text und Bild in allen vier möglichen Varianten (positives Bild mit positivem Text, positives Bild mit negativem Text usw.), sodass ihr Untersuchungsdesign in etwa dem aus der Inkonsistenzforschung bekannten Design entsprach. Allerdings untersuchte sie nicht nur die beiden inkonsistenten Bedingungen, sondern berechnete

Varianzanalysen, mit denen sie die Wirkung der Text- mit der Wirkung der Bildmanipulation vergleichen konnte. Dabei zeigte sich, dass zwar beide Manipulationen einen Einfluss auf die Meinungsbildung über die dargestellten Politiker hatten, der Einfluss des Bildes aber in der Regel stärker war als der Einfluss des Textes. Dies galt weitgehend unabhängig davon, ob die Versuchspersonen positive oder negative Voreinstellungen gegenüber den Politikern hatten.

Ähnlich wie die Befunde der Inkonsistenzforschung deuten auch die Befunde von Studien, die den Informationsgehalt von verbalen und nonverbalen Stimuli künstlich angleichen, folglich auf eine Überlegenheit nonverbaler Kommunikation hin. Dies ist ein bemerkenswerter Befund, der unter anderem mit den Annahmen der Dual-Coding-Theorie korrespondiert, nach denen Bilder besser erinnert werden als inhaltsgleiche Texte (Kap. 5.3). Ähnlich wie im Falle der Inkonsistenzforschung sind die hier verwendeten Stimuli allerdings vergleichsweise realitätsfern, weil sich Bildbeschreibungen fraglos erheblich von den Texten unterscheiden, die man üblicherweise in Tageszeitungen findet. Wir wollen in den folgenden Abschnitten deshalb Studien diskutieren, die auf eine künstliche Angleichung des Informationsgehalts von verbalen und nonverbalen Informationen verzichten, um realitätsnähere Bedingungen zu schaffen.

7.3 Experimente zur Wirkung inhaltlich verschiedener Stimuli

Studien zur Wirkung inhaltlich verschiedener Stimuli manipulieren in klassischen Experimenten verschiedene Elemente verbaler und nonverbaler Kommunikation und untersuchen, von welcher Manipulation der größere Effekt ausgeht. Dieses Untersuchungsdesign gleicht den beiden zuvor beschriebenen darin, dass es ebenfalls künstlich hergestellte Stimuli verwendet. Allerdings geht es hier nicht darum, die Inhalte der Stimuli künstlich anzugleichen. Das Ziel besteht vielmehr darin, die Ausprägung besonders wirkungsstarker verbaler und nonverbaler Kommunikationselemente zu manipulieren, um deren Einfluss auf die politische Meinungsbildung zu messen. In einem solchen Experiment haben Dumitrescu et al. (2015) die Wirkung verbaler und nonverbaler Signale in einem Wahlwerbespot eines fiktiven kanadischen Politikers auf die Einschätzungen seiner Qualifikation, seiner Persönlichkeit und seiner Wählbarkeit durch kanadische Studierende untersucht. Dabei manipulierten sie erstens das nonverbale Auftreten des Kandidaten (selbstsicher versus nicht selbstsicher). Dabei wurden sowohl verschiedene Elemente von Gestik und Mimik des Redners, als auch seine vokale Kommunikation verändert. Zweitens manipulierten sie die verbale Qualität der Botschaft (hoch versus niedrig).

Dabei ging es vor allem darum, wie logisch die Argumentation aufgebaut war und welche rhetorischen Stilmittel der Redner verwendete. Die Analysen zeigen, dass die Einschätzungen der Qualifikation und der Wählbarkeit des Kandidaten sowohl durch die verbale, als auch durch die nonverbale Manipulation signifikant beeinflusst wurden. Die Einschätzung der Persönlichkeit des Kandidaten wurde dagegen von keiner der beiden Manipulationen beeinflusst. Vergleicht man die Effektstärke der verbalen und der nonverbalen Manipulation, zeigt sich tendenziell eine leichte Überlegenheit nonverbaler Kommunikation. In einem ähnlich angelegten Experiment verglichen Jackob et al. (2008) die Urteile von Studierenden, die eine fiktive Rede zur Globalisierung in drei verschiedenen Varianten gesehen hatten: In einer Variante enthielt die Rede weder eine besondere vokale Betonung, noch wurde sie durch Gestik unterstrichen. In der zweiten Variante war die Rede zwar betont, enthielt aber keine Gestik. In der dritten Variante sprach der Redner betont und gestikulierte häufig. Die unmittelbar nach dem Ansehen der Rede durchgeführte Befragung zeigte, dass die Hinzunahme der vokalen Betonung die Urteile der Probanden praktisch nicht veränderte, während die Hinzunahme der Gestik ambivalente Wirkungen hatte: Einerseits wirkte der Redner dadurch sympathischer und seine Rede verständlicher und interessanter. Andererseits hielten die Probanden die Rede aber auch für weniger gründlich und tendenziell weniger sachlich und seriös, wenn sie starke Gestik enthielt. Aussagen über die vergleichende Wirkung verbaler und nonverbaler Kommunikation leiten die Autoren aus einer während des Ansehens der Rede durchgeführten RTR-Messung ab. Diese zeigt unabhängig vom Einsatz nonverbaler Kommunikationsmittel einen in allen drei Gruppen weitgehend parallelen Verlauf der Eindrücke, die die Zuschauer während der Rede erhielten. Die verschiedenen nonverbalen Persuasionsmittel verstärkten diese grundsätzlichen Eindrücke allenfalls. Die Autoren folgern daraus, dass verbale Kommunikation nonverbaler überlegen ist, weil sie die grundsätzliche Wirkungsrichtung vorgibt.

Dass sich die Befunde von Experimenten zur Wirkung inhaltlich verschiedener Stimuli voneinander unterscheiden, ist kaum verwunderlich, weil sie davon abhängen, welche Kommunikationselemente wie stark manipuliert werden. So steht im Experiment von Dumitrescu et al. (2015) einer umfassenden Manipulation von Gestik, Mimik und vokaler Kommunikation eine vergleichsweise schwache Manipulation der verbalen Kommunikation gegenüber. Wäre hier z. B. nicht nur die Qualität der Formulierung, sondern auch die Tendenz der präsentierten Argumente verändert worden, hätte sich vermutlich ein deutlich stärkerer Effekt der verbalen Manipulation ergeben. Im Experiment von Jackob et al. (2008) vertritt der Redner dagegen inhaltlich starke Positionen, an denen die Probanden ihre Meinungsbildung ausrichten können. Experimente zur Wirkung inhaltlich verschiedener Stimuli sind deshalb zwar in der Regel realitätsnäher als Studien, die den

Inhalt verbaler und nonverbaler Informationen künstlich angleichen. Ihre Befunde sind aber mehr oder weniger willkürlich durch die Stärke der jeweiligen Manipulationen konstruierbar und deshalb kaum generalisierbar. Wir wollen deshalb im Folgenden die Befunde von Studien diskutieren, die die Wirkung verbaler und nonverbaler Kommunikation anhand natürlicher Stimuli vergleichen.

7.4 Mehrkanal-Experimente zur Wirkung natürlicher Stimuli

Wir haben in einem vorherigen Kapitel (6.4) bereits die klassische experimentelle Logik zur Messung der Wirkungen des nonverbalen Kommunikationskanals erläutert: eine Versuchsgruppe sieht einen realen Politikerauftritt mit Bild und Ton (Fernsehversion), eine andere hört nur den Ton (Radioversion). Aus dem Vergleich der Urteile der beiden Probandengruppen über den dargestellten Politiker lassen sich Aussagen über die Wirkung nonverbaler Kommunikation ableiten, weil Unterschiede in den Urteilen nur durch die in der Radioversion fehlenden Fernsehbilder verursacht worden sein können. Allerdings lässt dieses Design noch keine Aussagen über die relative Stärke der Wirkungen verbaler und nonverbaler Kommunikation zu. Um diesen Vergleich zu ermöglichen, wurde in einigen Experimenten eine dritte Versuchsgruppe ergänzt, die nur das Fernsehbild sieht, ohne den Ton zu hören. Die relative Wirkung von verbaler und nonverbaler Kommunikation lässt sich dann ermitteln, indem die Abweichungen in den Urteilen der beiden Versuchsgruppen mit unvollständigen Stimuli-Varianten von den Urteilen der Versuchsgruppe, die den Stimulus in der vollständigen Version erhalten hat, betrachtet werden. Weichen die Eindrücke derjenigen, die kein Bild zur Verfügung hatten, stärker von den Eindrücken derjenigen ab, die den vollständigen Stimulus rezipiert haben, als die Eindrücke derjenigen, die keinen Ton zur Verfügung hatten, spricht dies für einen stärkeren Einfluss nonverbaler Signale und umgekehrt.

Krauss et al. (1981) legten in einem solchen Experiment vier Probandengruppen unterschiedliche Versionen eines Ausschnitts aus einer Fernsehdebatte der beiden Kandidaten um das Amt des Vizepräsidenten im amerikanischen Präsidentschaftswahlkampf 1976 vor. Eine Gruppe sah eine Fernsehversion mit Ton und Bild, eine sah nur das Bild und eine weitere bekam ein Transkript des Ausschnitts zu lesen. Weil zugleich auch die Wirkung vokaler Kommunikation gemessen werden sollte, hörte die vierte Gruppe den Ausschnitt in einer Version, in der zwar Lautstärke, Stimmfrequenz und Sprechtempo erkennbar waren, nicht aber der Inhalt der Botschaft. Die Urteile anhand der drei unvollständigen Versionen hingen nur in einem Fall signifikant mit den Urteilen anhand der Fernsehversion zusammen, nämlich dann, wenn den Probanden das Transkript der Debatte vorgelegt wurde. Hatten die Probanden dagegen keine Informationen über die verbal vermittelten Kommunikationsinhalte, fielen ihre Urteile über die Kandidaten vollkommen anders aus als in der Fernsehversion. Die Autoren folgern hieraus, dass vor allem der verbal vermittelte Kommunikationsinhalt die Eindrücke der Zuschauer prägte und folglich verbale Informationen bei der politischen Meinungsbildung überlegen sind. In einer ähnlich angelegten Studie zeigten Patterson et al. (1992) vier Probandengruppen Ausschnitte aus der Fernsehdebatte der beiden Präsidentschaftskandidaten im US-Wahlkampf 1984, Ronald Reagan und Walter Mondale. Eine Gruppe sah die Ausschnitte in der Fernsehversion, eine andere sah nur das Bild, eine dritte hörte nur den Ton und eine vierte bekam ein Transkript der Debatte vorgelegt. Die Analysen zeigen, dass Reagan in allen Versuchsgruppen etwa gleichermaßen positiv beurteilt wurde, was man im vorliegenden Fall als Deckeneffekt betrachten kann. Die Urteile über Mondale unterschieden sich allerdings erheblich. Insbesondere wurde Mondale in der Fernseh- und in der Hörfunkversion deutlich positiver beurteilt als in der Version, in der den Probanden nur das Bild zur Verfügung stand. Erneut kamen folglich diejenigen, die nur Bilder zur Verfügung hatten, zu ganz anderen Urteilen als diejenigen, die die Politiker in der vollständigen Fernsehversion sahen. In einer neueren Untersuchung (Maurer 2009) wurde dieses Untersuchungsdesign um eine RTR-Messung erweitert, die es ermöglicht, die Eindrücke der Probanden während der Rezeption kontinuierlich zu erfassen und auf den verbal oder nonverbal vermittelten Kommunikationsinhalt zurückzuführen. Dies ermöglicht auch eine Antwort auf die Frage, ob sich das Wirkungsverhältnis verbaler und nonverbaler Kommunikation im Verlauf einer Kommunikationssituation verändert oder weitgehend konstant bleibt. Um dies zu prüfen, zeigte der Autor drei Gruppen von Probanden (Bild und Ton, nur Bild, nur Ton) einen längeren Ausschnitt aus dem Fernsehduell der beiden Kandidaten im Landtagswahlkampf 2006 in Mecklenburg-Vorpommern. Dabei wiesen die Befragungsdaten in dieselbe Richtung wie die zuvor diskutierten Studien: Auch hier ähnelten sich die Urteile über beide Kandidaten in der Fernseh- und Hörfunkversion stark. Diejenigen, die nur das Bild zur Verfügung hatten, trauten sich zwar ebenfalls Urteile über die Kandidaten zu. Diese hatten allerdings nichts mit den Urteilen zu tun, die sie sich gebildet hätten, wenn sie auch verbale Informationen zur Verfügung gehabt hätten. Auch die RTR-Analysen zeigen, dass die Eindrücke der Probanden von den beiden Kandidaten während nahezu der gesamten Debatte überwiegend von verbalen Informationen geprägt wurden. Hiervon gab es allerdings eine bemerkenswerte Ausnahme: In den ersten 30 s der Debatte waren die Eindrücke eindeutig von nonverbalen Signalen geprägt. Solange die Zuschauer noch keine klaren Vorstellungen vom Inhalt der Debatte hatten, verließen sie sich folglich auf ihre visuellen Eindrücke. Sobald die

7.4 Mehrkanal-Experimente zur Wirkung natürlicher Stimuli

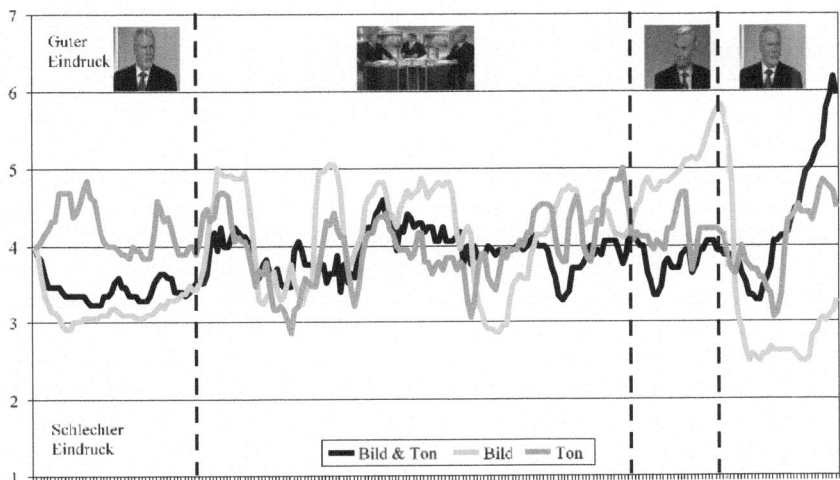

Abb. 7.1 Unterschiede in der Wahrnehmung eines Fernsehduells bei Rezipienten, die Bild und Ton, nur den Ton oder nur das Bild zur Verfügung hatten (RTR-Messung). (Quelle: Maurer 2009, S. 207)

verbalen Argumentationslinien erkennbar wurden, wechselten sie aber rasch in den verbalen Modus, den sie bis zum Ende der Debatte beibehielten (Abb. 7.1).

In dieselbe Richtung weist schließlich auch ein Experiment zur Wirkung von politischen Nachrichten auf die Erinnerungsleistung und die Emotionen der Rezipienten (Crigler et al. 1994). Probanden, die Fernsehnachrichtenbeiträge nur gehört hatten, erinnerten sich an diese ähnlich gut, wie Probanden, die dazu auch die Fernsehbilder gesehen hatten. Diejenigen, die nur die Bilder gesehen hatten, konnten sich deutlich schlechter an die Beiträge erinnern. Die stärksten Emotionen erlebten die Probanden, die die Fernsehversion der Beiträge gesehen hatten. Reine Hörer, aber auch reine Seher waren weniger stark emotionalisiert. Alles in allem legen die Befunde von experimentellen Mehrkanalstudien folglich nahe, dass verbale Informationen unter natürlich Bedingungen einen deutlich größeren Einfluss auf die politische Meinungsbildung haben als nonverbale Informationen. Dieser Effekt erklärt sich vermutlich dadurch, dass viele für die politische Meinungsbildung relevante Informationen nur verbal vermittelt werden können. Dazu gehören politische Standpunkte in Fernsehdiskussionen ebenso wie detaillierte Informationen über das politische Geschehen in Fernsehnachrichtensendungen. Auch wenn verbale Informationen folglich bei gleichem Inhalt nicht stärker wirken als nonverbale Informationen, entfalten sie unter natürlichen Bedingungen dennoch stärkere Wirkungen, weil sie mehr urteilsrelevante Informationen enthalten. Allerdings lassen sich experimentelle Untersuchungen grundsätzlich kritisieren, weil sie auch dann noch vergleichsweise künstlich sind, wenn sie natürliche Medienstimuli verwenden: Die Probanden rezipieren die Stimuli nicht wie gewohnt zuhause, sondern in mehr oder weniger künstlichen Laborumgebungen. Zudem werden ihre Urteile sehr kurzfristig nach der Rezeption erfasst, sodass unklar bleibt, ob sie auch längerfristig relevant bleiben. Im vorliegenden Fall kann man auch das experimentelle Mehrkanal-Design als künstlich betrachten, weil die Probanden normalerweise keine Fernsehdiskussionen oder Nachrichtensendungen ohne Ton verfolgen. Möglicherweise führt diese ungewohnte Rezeptionssituation sogar dazu, dass die visuellen Informationen anders rezipiert werden als in Kombination mit verbalen Informationen. Wäre dies so, wäre auch die Aussagekraft von Mehrkanalstudien eingeschränkt. Einige Studien haben deshalb versucht, den relativen Einfluss verbaler und nonverbaler Kommunikation auf die politische Meinungsbildung mit Hilfe von nicht experimentellen Methodenkombinationen aus Inhaltsanalysen und Befragungen zu ermitteln. Ihre Befunde diskutieren wir im nächsten Abschnitt.

7.5 Methodenkombinationen aus Inhaltsanalyse- und Befragungsdaten

Methodenkombinationen aus Inhaltsanalyse- und Befragungsdaten erfassen das dargestellte verbale und nonverbale Verhalten von Politikern in Fernsehdebatten oder Fernsehnachrichten mit Medieninhaltsanalysen. Zudem werden Daten zur Wahrnehmung oder Wirkung der erfassten Inhalte auf die Rezipienten benötigt. Wie wir gleich zeigen werden, kann es sich dabei um repräsentative Bevölkerungsbefragungen handeln, aber auch um Analyseverfahren, die die unmittelbaren Reaktionen der Zuschauer auf die Inhalte erfassen. Schließlich wird der Einfluss der Darstellungen auf die Urteile der Rezipienten mit Hilfe von multivariaten Analyseverfahren berechnet. Dabei lässt sich sowohl der Einfluss einzelner Kommunikationselemente, als auch der vergleichende Einfluss des verbalen und des nonverbalen Kommunikationskanals ermitteln. In ihrer umfangreichen Studie zum Einfluss nonverbaler Kommunikation in den amerikanischen Präsidentschaftswahlkämpfen 1992 bis 2004 haben Grabe und Bucy (2009) auch solche Analysen durchgeführt. Dazu erhoben sie eine Reihe verbaler und nonverbaler Darstellungsmerkmale in den amerikanischen Fernsehnachrichten in den Wochen vor den jeweiligen Wahlen und berechneten den Einfluss dieser Darstellungsmerkmale auf die mit

7.5 Methodenkombinationen aus Inhaltsanalyse- und Befragungsdaten

Repräsentativbefragungen erhobenen Urteile über die Präsidentschaftskandidaten mit Hilfe multipler Regressionsanalysen. Zu den erfassten verbalen Darstellungsmerkmalen gehörten z. B. die Menge und die Tendenz der Sound Bites, also Einstellungen, in denen die Kandidaten in den Fernsehnachrichten zu hören waren. Zu den erfassten nonverbalen Darstellungsmerkmalen gehörten die Menge und die Tendenz der Image Bites, also Einstellungen, in denen die Kandidaten nur zu sehen waren, sowie verschiedene Aspekte des Visual Framing (siehe Kap. 4.1.2). Die Befunde unterschieden sich zwar je nach Wahl und Kandidat zum Teil erheblich. Allerdings hatten tendenziell eher nonverbale Merkmale, vor allem der Inhalt der Image Bites, einen Einfluss auf die Urteile über die Kandidaten. Einen etwas anderen Ansatz wählten Nagel et al. (2012). Sie analysierten zunächst das Fernsehduell im Bundestagswahlkampf 2005 zwischen Gerhard Schröder und Angela Merkel sekundengenau. Dabei erfassten sie das Vorkommen von rund 50 verschiedenen Merkmalen verbaler, visueller und vokaler Kommunikation, darunter z. B. das Thema, über das gesprochen wurde, die Tendenz der Aussagen und das Vorkommen einer Vielzahl rhetorischer Stilmittel (verbale Kommunikation), verschiedene Elemente von Gestik und Mimik der Kandidaten (visuelle Kommunikation) sowie ihre Sprechgeschwindigkeit, Stimmfrequenz und Sprechlautstärke (vokale Kommunikation). Während des Duells gaben rund 75 Testzuschauer mit Hilfe einer RTR-Messung kontinuierlich und ebenfalls sekundengenau ihren Eindruck von den Kandidaten ab. Der Einfluss der verbalen und nonverbalen Kommunikationselemente auf die spontanen Eindrücke der Zuschauer wurde mit Hilfe einer Kombination aus Zeitreihen- und Regressionsanalyse berechnet. Die Analysen zeigen, dass vor allem verbale Kommunikationselemente wie das Thema, über das die Kandidaten sprachen, und die Verwendung bestimmter Argumentationsstrategien die Eindrücke der Zuschauer prägten. Sowohl der visuelle, als auch der vokale Kommunikationskanal hatten zwar zusätzliche, von den Effekten des verbalen Kanals unabhängige Einflüsse auf die Meinungsbildung der Zuschauer. Diese Effekte waren aber deutlich geringer. Einen ähnlichen Ansatz wählten jüngst auch Shah et al. (2015), die die vergleichende Wirkung verbaler und nonverbaler Kommunikation anhand einer Fernsehdebatte im amerikanischen Präsidentschaftswahlkampf 2012 untersuchten. Sie analysierten die Debatte allerdings nicht sekundengenau, sondern auf Basis von Kameraeinstellungen. Zudem wurden nur wenige Elemente verbaler und nonverbaler Kommunikation erfasst, darunter vor allem die verbale und nonverbale Darstellung der Emotionen Ärger und Freude sowie die Funktion der verbalen Aussagen (Angriff, Verteidigung usw.) und die Gestik der Kandidaten. Schließlich erfassten sie die unmittelbaren Eindrücke der Zuschauer auch nicht über eine RTR-Messung, sondern analysierten die Menge und die Tendenz der Twitter-Kommentare während der Debatte. Ihre Analysen sprechen insgesamt eher für eine Überlegenheit nonverbaler Kommunikation. So beeinflussten vor allem Präsident Obamas Gestik und Herausforderer Romneys visuell erkennbarer Ärger die Menge der Twitter-Kommentare während der Debatte. Während auch die Tendenz der Kommentare über Romney eher von seinem nonverbalen Verhalten beeinflusst wurde, spielte der verbal vermittelte Kommunikationsinhalt für die Tendenz der Tweets über Obama eine ähnlich große Rolle wie die nonverbale Kommunikation der Kandidaten.

Alles in allem kommen Methodenkombinationen aus Inhaltsanalysen und Befragungen folglich zu unterschiedlichen Schlüssen über den relativen Einfluss verbaler und nonverbaler Kommunikation. Dies mag daran liegen, dass sie unterschiedliche Medienformate untersuchen und die Zuschauerurteile auf unterschiedliche Art erfassen. Es mag zudem daran liegen, dass unterschiedliche und unterschiedlich viele verbale und nonverbale Kommunikationselemente betrachtet werden. Schließlich können die unterschiedlichen Befunde auch darauf hindeuten, dass der relative Einfluss verbaler und nonverbaler Kommunikation auf die politische Meinungsbildung von kulturellen Faktoren geprägt wird. So gilt die amerikanische Kultur generell als stark visuell geprägt, was sich zum Beispiel auch in einer im Vergleich zu vielen europäischen Ländern stärkeren Nutzung audiovisueller Medien ablesen lässt. Welche dieser Erklärungen zutreffen, ist aufgrund der geringen Zahl an entsprechenden Studien bislang allerdings unklar.

Fazit: Die Bedeutung nonverbaler Kommunikation in der Politik 8

Zusammenfassung

In diesem Kapitel fassen wir die wichtigsten Erkenntnisse des Lehrbuchs noch einmal zusammen und leiten daraus Folgerungen für die politische Kommunikationspraxis ab.

Ohne Zweifel ist die Relevanz nonverbaler Informationen in der politischen Kommunikation in den vergangenen zwei Jahrzehnten erheblich gestiegen. Politiker, Politikberater und politische Journalisten scheinen zunehmend an eine erhebliche Bedeutung nonverbaler Kommunikation zu glauben und richten zum Teil auch ihr Handeln danach aus. Zugleich beschäftigt sich die wissenschaftliche Forschung seit einiger Zeit zunehmend mit den Inhalten und Wirkungen nonverbaler politischer Kommunikation. Politische Kommunikation wird dabei in der Regel als medienvermittelte Kommunikation von politischen Akteuren an die Bürger verstanden. Dementsprechend besitzen vor allem zwei nonverbale Kommunikationskanäle eine Relevanz für die politische Meinungsbildung: der visuelle Kanal, unter dem z. B. Kommunikationselemente wie die physische Attraktivität sowie die Gestik und Mimik von Politikern subsummiert werden, und der vokale Kanal, der Kommunikationselemente wie z. B. ihre Sprechgeschwindigkeit, Stimmfrequenz und Sprechlautstärke beinhaltet. In den vergangenen Kapiteln haben wir gesehen, dass eine Reihe guter Gründe dafür sprechen, von einer erheblichen politischen Bedeutung dieser beiden Kanäle nonverbaler Kommunikation auszugehen:

- Durch die zunehmende Bedeutung des Fernsehens und des Internets als Medien politischer Kommunikation, aber auch durch die zunehmende Bebilderung von Printmedien, stehen den Wählern heute deutlich mehr nonverbale Informationen über Politiker zur Verfügung als noch vor wenigen Jahrzehnten.

8 Fazit: Die Bedeutung nonverbaler Kommunikation in der Politik

- Nonverbale Informationen üben auf die Rezipienten eine besonders starke Anziehungskraft aus. Sie werden im Vergleich zu verbalen Informationen früher wahrgenommen und mit größerer Wahrscheinlichkeit rezipiert.
- Nonverbale Informationen sind meist intuitiv und ohne großen Verarbeitungsaufwand verständlich. Der geringe Aufwand bei der Verarbeitung nonverbaler Informationen führt insbesondere bei gering involvierten Rezipienten dazu, dass sie bei der Rezeption politischer Kommunikation verstärkt auf visuelle Signale achten.
- Nonverbale Informationen erscheinen den meisten Menschen glaubwürdiger als verbale Informationen. Obwohl moderne Bildbearbeitungsprogramme Manipulationen leicht machen, erzeugen Bilder bei den Rezipienten die Illusion, eine Person oder einen Sachverhalt quasi ungefiltert mit eigenen Augen zu sehen.
- Nonverbale Informationen werden besser erinnert als inhaltsgleiche verbale Informationen. Das verschafft ihnen prinzipiell auch einen Wirkungsvorteil, vor allem wenn es um längerfristige Wirkungen geht.

Ob diese Voraussetzungen zu einer besonders starken Relevanz nonverbaler Kommunikation für die politische Meinungsbildung führen, haben wir anhand einer Vielzahl empirischer Studien diskutiert. Dabei haben wir uns vor allem mit den Einflüssen auf die Meinungsbildung über Politiker und das Wahlverhalten beschäftigt, gelegentlich aber auch Einflüsse auf das politische Wissen und die Emotionen der Rezipienten thematisiert. Wir haben zudem zwischen Studien unterschieden, die sich mit den Wirkungen einzelner nonverbaler Kommunikationselemente beschäftigen, und Studien, die kombinierte Wirkungen des gesamten nonverbalen Kommunikationskanals untersuchen. Dabei haben wir auch deutlich gemacht, dass die Wirkungen nur von den Kommunikationselementen ausgehen können und Effekte der Kommunikationskanäle folglich nur auftreten, wenn sie wirkungsstarke Kommunikationselemente beinhalten. Die Studien zeigen zum Teil erhebliche Effekte nonverbaler Kommunikation auf die politische Meinungsbildung:

- Physisch attraktive Politiker werden für kompetenter gehalten als physisch weniger attraktive und erhöhen deshalb auch die Stimmenanteile ihrer Parteien bei Wahlen.
- Der Einsatz von Gestik und Mimik verändert den Eindruck, den die Rezipienten von Politikern erhalten, und beeinflusst die persuasive Wirkung ihrer Botschaften. Dies gilt nicht nur für die Gestik und Mimik des Redners, sondern auch für die Gestik und Mimik von Dritten wie z. B. Diskussionspartnern oder des Publikums.

8 Fazit: Die Bedeutung nonverbaler Kommunikation in der Politik

- Die vokale Kommunikation eines Politikers, vor allem seine Sprechgeschwindigkeit und seine Stimmfrequenz, beeinflusst den Eindruck, den das Publikum von ihm hat.
- Nonverbale journalistische Darstellungstechniken wie die Wahl von Kameraperspektiven und Einstellungsgrößen beeinflussen, wie Politiker von den Rezipienten wahrgenommen werden.

Allerdings werden diese Befunde unter verschiedenen Bedingungen mehr oder weniger deutlich: Die Einflüsse nonverbaler Kommunikation auf die Meinungsbildung über unbekannte Politiker sind weitaus größer als die Effekte auf die Meinungsbildung über Politiker, zu denen die Rezipienten bereits eine Voreinstellung haben. Die Effekte nonverbaler Kommunikation auf die politische Meinungsbildung sind zudem vor allem dann erkennbar, wenn keine oder nur weitgehend inhaltsleere verbale Informationen vorliegen. In beiden Fällen bleibt den Rezipienten folglich gar keine andere Möglichkeit als ihre Urteile auf die verfügbaren nonverbalen Informationen zu stützen. Die nonverbale Kommunikation von Politikern hat deshalb vermutlich vor allem auf solche Rezipienten einen Einfluss, die sich nur beiläufig und oberflächlich mit Politik beschäftigen. Weil es sich hierbei aber um einen erheblichen Teil der Bevölkerung handelt, bleibt sie auch gesellschaftlich betrachtet nicht folgenlos. Sie hat vielmehr einen eigenständigen Einfluss auf die politische Meinungsbildung, der sie zu einem relevanten politischen Faktor macht.

Die für viele überraschende Erkenntnis, dass nonverbale Kommunikation nicht nur im Alltag relevant ist, sondern auch die politische Meinungsbildung beeinflusst, hat aber auch dazu geführt, dass nonverbalen Informationen heute gelegentlich vorschnell eine Überlegenheit bei der politischen Meinungsbildung zugeschrieben wird. Dass nonverbale Stimuli unter bestimmten Bedingungen erhebliche Wirkungen entfalten können, sagt aber noch nichts darüber aus, wie stark diese Wirkungen im Verhältnis zu den Wirkungen verbaler Kommunikation sind. Will man die Wirkung verbaler und nonverbaler Kommunikation vergleichen, stellen sich im Grunde zwei ganz unterschiedliche Fragen: Die erste Frage ist, welchen Wirkungsanteil verbale und nonverbale Kommunikation haben, wenn beide die exakt gleichen Inhalte transportieren. Studien, die z. B. die Wirkungen von Bildern mit den Wirkungen inhaltlich identischer Bildbeschreibungen vergleichen, zeigen, dass in diesem Fall die nonverbal vermittelten Informationen die politische Meinungsbildung stärker beeinflussen als die verbal vermittelten. Die Frage, welcher Kommunikationskanal dominiert, wenn beide Kanäle dieselben Informationen vermitteln, ist selbstverständlich theoretisch relevant. In der Praxis sind solche Bedingungen aber nicht gegeben. Vielmehr transportieren der verbale und der nonverbale Kommunikationskanal in der Regel ganz unterschiedliche Informationen. Weil Informationen über die Persönlichkeit von Politikern sowohl über den verbalen als auch über den nonverbalen Kanal verbreitet, Informationen über ihr politisches Programm aber nur verbal vermittelt werden können, spricht einiges dafür, dass der verbale Kommunikationskanal unter natürlichen Bedingungen mehr urteilrelevante Informationen vermittelt als der nonverbale. Die zweite Frage ist deshalb, welchen Wirkungsanteil verbale und nonverbale Kommunikation unter natürlichen Bedingungen haben. Studien, die die Relevanz verbaler und nonverbaler Kommunikation für die politische Meinungsbildung unter natürlichen Bedingungen vergleichen, zeigen meist eine Überlegenheit verbaler Kommunikation. Sie gibt weitgehend die Wirkungsrichtung vor, während nonverbale Kommunikation ihre Effekte allenfalls verstärken oder abschwächen kann. So wird ein Politiker, der Steuererhöhungen oder drastische Sparmaßnahmen ankündigt, die negative Wirkung dieser Ankündigung mit einem Lächeln folglich zwar etwas abmildern können. Die Zustimmung des Publikums wird er aber dennoch nicht erhalten. Allerdings muss man konstatieren, dass das Wirkungsverhältnis verbaler und nonverbaler Kommunikation auch mit den jeweils vermittelten Inhalten variiert. Eine starke nonverbale Botschaft wird die Wirkung einer inhaltsleeren verbalen Argumentation überlagern. Die Vorstellung, dass man ein generelles Wirkungsverhältnis verbaler und nonverbaler Kommunikation ermitteln könne, das unter allen Bedingungen mehr oder weniger identisch ist, ist folglich zwar verlockend, aber auch etwas naiv.

Die erheblichen Bemühungen von Politikern, an ihrem nonverbalen Auftritt zu arbeiten, sind deshalb allenfalls ambivalent zu bewerten. Sie bleiben zwar nicht folgenlos, weil sie damit durchaus Pluspunkte beim Wähler sammeln können. Geht durch eine umfassende Schulung des nonverbalen Verhaltens, z. B. vor Fernsehdebatten, aber wertvolle Zeit für die Vorbereitung der verbalen Argumentationsstrategien verloren, ist dies eher kontraproduktiv. Wenn die Politik die verbale Vermittlung politischer Überzeugungen zugunsten von nonverbalen Persuasionsstrategien vernachlässigt, wird die Annahme einer Überlegenheit nonverbaler Kommunikation für die politische Meinungsbildung darüber hinaus langfristig zu einer sich selbst erfüllenden Prophezeiung: Je weniger überzeugende Argumente Politik und Massenmedien den Wählern liefern, um die verschiedenen Kandidaten und Parteien inhaltlich voneinander zu unterscheiden, desto eher werden diese ihre Entscheidungen zwangsläufig vom Aussehen und Auftreten der Kandidaten abhängig machen müssen. Ist diese Spirale erst einmal in Gang gesetzt, werden ein attraktives Äußeres und die Fähigkeit zu einem souveränen nonverbalen Auftreten mehr und mehr zu zentralen Voraussetzungen für eine politische Karriere. Damit muss nicht zwangsläufig eine zunehmende Subtanzlosigkeit des politischen Betriebs einhergehen. Diese Gefahr ist jedoch nicht von der Hand zu weisen. Aus wissenschaftlicher Perspektive muss man schließlich konstatieren, dass die Wirkungen nonverbaler politischer Kommunikation bislang noch immer unzureichend untersucht sind. Viele der hier präsentierten Befunde sind bislang nur durch wenige empirische Untersuchungen gestützt, die zudem nicht immer zu einheitlichen Befunden kommen. Vor allem der Einfluss unterschiedlicher Randbedingungen auf die Befunde ist bislang noch weitgehend ungeklärt. Dies betrifft zum einen Studien zu den Einflüssen der Prädispositionen der Rezipienten auf die Wirkungen nonverbaler Kommunikation. So ist z. B. die naheliegende und häufig geäußerte Annahme, dass Rezipienten bei geringem politischen Interesse und geringem Involvement überwiegend nonverbale Informationen für ihre Meinungsbildung heranziehen, empirisch bislang noch nicht ausreichend abgesichert. Zum anderen mangelt es auch an Studien, die die Wirkungen nonverbaler Kommunikation in unterschiedlichen Medienformaten vergleichen. So legt der Forschungsstand zwar nahe, dass nonverbale Signale eine größere Rolle spielen, wenn Politiker wie in den Fernsehnachrichten nur kurz zu sehen sind und kaum substanzielle verbale Informationen vermitteln können, während in längeren und verbal informationsreichen Formaten wie Fernsehdebatten eher verbale Kommunikation für die Meinungsbildung relevant wird. Direkt geprüft wurde dies bislang aber nicht. Schließlich fehlen auch international vergleichende Studien zum Einfluss kultureller Faktoren auf die Relevanz nonverbaler Kommunikation. So wird zwar häufig angenommen, dass nonverbale Informationen in der nordamerikanischen Kultur eine größere Bedeutung besitzen als z. B. in der europäischen. Ob sich dies aber auch in vergleichenden Untersuchungen zur Wirkung nonverbaler Kommunikation auf die politische Meinungsbildung zeigt, ist bislang offen. Nonverbale politische Kommunikation bleibt deshalb auch in der Zukunft ein interessantes und hoch relevantes Forschungsfeld.

Literatur

Almaney, A. J., & Alwan, A. J. (1982). *Communicating with the Arabs*. Prospect Heights, Ill.: Waveland Press.
Ambady, N., & Rosenthal, R. (1992). Thin slices of behavior as predictors of interpersonal consequences: A meta-analysis. *Psychological Bulletin, 2*, 256–274.
Anderson, J. R. (2007). *Kognitive Psychologie*. Wiesbaden: VS Verlag.
Apple, W., Streeter, L. A., & Krauss, R. M. (1979). Effects of pitch and speech rate on personal attributions. *Journal of Personality and Social Psychology, 37*, 715–727.
Areni, C., & Sparks, J. R. (2005). Language power and persuasion. *Psychology & Marketing, 22*, 507–525.
Argyle, M., Alkema, F., & Gilmour, R. (1971). The communication of friendly and hostile attitudes by verbal and nonverbal signals. *European Journal of Social Psychology, 1*, 385–402.
Aronovitch, C. D. (1976). The Voice of Personality. Stereotyped Judgments and their Relation to Voice Quality and Sex of Speaker. *The Journal of Social Psychology 99*, 207–290.
Bailenson, J. N., Garland, P., Iyengar, S., & Yee, N. (2006). Transformed facial similarity as a political cue: A preliminary investigation. *Political Psychology, 27*, 373–385.
Bailenson, J. N., & Ahn, S. J. (2008). Visuals, cognitive processing of. In W. Donsbach (Hrsg.), *The International Encyclopedia of Communication* (S. 5325–5327). Oxford: Wiley-Blackwell.
Ballensiefen, M. (2009). *Bilder machen Sieger – Sieger machen Bilder die Funktion von Pressefotos im Bundestagswahlkampf 2005*. Wiesbaden: VS Verlag.
Ballew, C. C., & Todorov, A. (2007). Predicting political elections from rapid and unreflective face judgments. *Proceedings of the National Academy of Sciences of the USA, 104*, 17948–17953.
Barrett, A. W., & Barrington, L. W. (2005). Is a picture worth a thousand words? Newspaper photographs and voter evaluations of political candidates. *The Harvard International Journal of Press/Politics, 10*, 98–113.
Barry, A. M. (2005). Perception theory. In: K. L. Smith, S. Moriarty, G. Barbatsis, & K. Kenney (Hrsg.), *Handbook of visual communication: Theory, methods, and media* (S. 45–62). Mahwah.

Bente, G., Senokozlieva, M., Pennig, S., Al-Issa, A., & Fischer, O. (2008). Deciphering the secret code. A new methodology for the cross-cultural analysis of nonverbal behavior. *Behavior Research Methods, 40*, 269–277.

Berggren, N., Jordahl, H., & Poutvaara, P. (2010). The looks of a winner: Beauty and electoral success. *Journal of Public Economics, 94*, 8–15.

Bernhard, U., & Scharf, W. (2008). Infotainment in der Presse. Eine Längsschnittanalyse 1980–2007 dreier regionaler Tageszeitungen. *Publizistik, 53*, 231–250.

Biddle, J. E., & Hamermesh, D. S. (1998). Beauty, Productivity, and Discrimination: Lawyers' Looks and Lucre. *Journal of Labor Economics, 16*, 172–201.

Blascovich J., Vanman E., Mendes W. B., & Dickerson, S. (2011). *Social psychophysiology for social and personality psychology*. Los Angeles, CA: Sage.

Bond, C. F., & DePaulo, B. M. (2006). Accuracy of deception judgments. *Personality and Social Psychology Review, 10*, 214–234.

Braun, S., Peus, C., & Frey, D. (2012). Is beauty beastly? Gender-specific effects of leader attractiveness and leadership style on followers' trust and loyalty. *Zeitschrift für Psychologie, 220*, 98–108.

Brown, B. L., & Bradshaw, J. M. (1985). Toward a social psychology of voice variations. In: H. Giles & R. N. St. Clair (Hrsg.), *Recent Advances in Language Communication and Social Psychology* (S. 144–181). London: Erlbaum.

Bucher, H.-J., & Schumacher, P. (2006). The relevance of attention for selecting news content. An eye-tracking study on attention patterns in the reception of print and online media. *Communications. The European Journal of Communication Research, 31*, 347–368.

Buchholz, L. M., & Smith, R. E. (1991). The Role of Consumer Involvement in Determining Cognitive Response to Broadcast Advertising. *Journal of Advertising, 20*, 4–17.

Bucy, E. P., & Newhagen, J. E. (1999). The emotional appropriateness heuristic: Processing televised presidential reactions to the news. *Journal of Communication, 49*, 59–79.

Bull, R., & Gibson-Robinson, E. (1981). The influences of eye-gaze, style of dress and locality on the amounts of money donated to a charity. *Human Relations, 34*, 895–905.

Buller, D. B. (2005). Methods for measuring speech rate. In V. Manusov (Hrsg.), *The sourcebook of nonverbal measures: Going beyond words* (S. 317–334). Mahwah und London: Routledge.

Burgoon, J. K., Buller, D. B., Hale, J. L., & DeTurck, M. A. (1984). Relational messages associated with nonverbal behaviors. *Human Communication Research*, 351–378.

Burgoon, J. K., Dunbar, N. E., & Segrin, C. (2002). Nonverbal influence. In J. Dillard & M. Pfau (Hrsg.), *The persuasion handbook. Developments in theory and practice* (446–475). Thousand Oaks: Sage.

Burgoon, J. K., Guerrero, L. K., & Floyd, K. (2010). *Nonverbal communication*. New York: Allyn & Bacon.

Burrell, N. A., & Koper, R. J. (1998). The efficacy of powerful/powerless language on attitudes and source credibility. In M. Allen, & R. W. Preiss (Hrsg.), *Persuasion: Advances through meta-analysis* (S. 203–215). Cresskill: Hampton Press.

Chen, F. S., Minson, J. A., Schone, M., & Heinrichs, M. (2013). In the Eye of the Beholder: Eye Contact Increases Resistance to Persuasion. *Psychological Science, 24*, 2254–2261.

Cho, J., Shah, D. V., Nah, S., Brossard, D. (2009). "Split Screens" and "Spin Rooms": Debate Modality, Post-Debate Coverage, and the New Videomalaise. *Journal of Broadcasting & Electronic Media, 53*, 242–261.

Literatur

Cohn, J. F. & Ekman, P. (2005). Measuring facial action. In J. A. Harrigan, R. Rosenthal, & K. R. Scherer (Hrsg.), *The new handbook of nonverbal behavior research* (S. 9–64). New York: Oxford University Press.

Colavita, F. B. (1974). Human sensory dominance. *Perception & Psychophysics, 16*, 409–412.

Coleman, R. (2010). Framing the pictures in our heads: Exploring the framing and agenda-setting effects of visual images. In P. D'Angelo, & J. Kuypers (Hrsg.), *Doing news framing analysis: Empirical, theoretical, and normative perspectives* (S. 233–261). New York: Routledge.

Coleman, R., & Banning, S. (2006). Network TV News' Affective Framing of the Presidential Candidates: Evidence for a second-Level Agenda-Setting Effect through Visual Framing. *Journalism & Mass Communication Quarterly, 83*, 313–328.

Connell, I. (1998). Mistaken Identities: Tabloid and Broadsheet News Discourse. *Javnost/The Public, 5–3*, 11–31.

Cook, M., & Smith, J. M. C. (1975). The role of gaze in impression formation. *British Journal of Social and Clinical Psychology, 14*, 19–25.

Crigler, A. N., Just, M., & Neuman, W. R. (1994). Interpreting visual versus audio messages in television news. *Journal of Communication, 44*, 132–149.

Curran, M. A., Kamps, K., & Schubert, J. N. (2001). What you see is what you get? Physische Einschätzung von Politikern – eine interkulturelle Perspektive. T. Knieper & M. Müller (Hrsg.), *Kommunikation visuell. Das Bild als Forschungsgegenstand – Grundlagen und Perspektiven* (131–143). Köln: von Halem.

Darwin, C. (1872). *The expression of the emotions in man and animals*. London: John Murray.

Davis, S. (1999). The effects of audience reaction shots on attitudes toward controversial issues. *Journal of Broadcasting and Electronic Media, 43*, 476–491.

DePaulo, B. M., Lindsay, J. J., Malone, B. E., Muhlenbruck, L., Charlton, K., & Cooper, H. (2003). Cues to deception. *Psychological Bulletin, 129*, 74–118.

Dion, K., Berscheid, E., & Walster, E. (1972). What is beautiful is good. *Journal of Personality and Social Psychology, 24*, 285–290.

Dobner, S., & Geiß, S. (2013). Außenseiter oder Leitwolf? Framing-Effekte der Visualisierung politischer Isolation am Beispiel der Berichterstattung über Angela Merkel in der Euro-Krise. In S. Geise, & K. Lobinger (Hrsg.), *Visual Framing* (S. 194–216). Köln: von Halem.

Domke, D., Perlmutter, D., & Spratt, M. (2002). The primes of our times? An examination of the power of visual images. *Journalism 3*, 131–159.

Donsbach, W., Brosius, H.-B., & Mattenklott, A. (1993). How unique is the perspective of television? A field experiment on the perception of a campaign event by participants and television viewers. *Political Communication, 10*, 37–53.

Donsbach, W., & Büttner, K. (2005). Boulevardisierungstrend in deutschen Fernsehnachrichten. Darstellungsmerkmale der Politikberichterstattung vor den Bundestagswahlen 1983, 1990 und 1988. *Publizistik, 50*, 21–38.

Druckman, J. N. (2003). The power of television images. The first Kennedy-Nixon debate revisited. *Journal of Politics, 65*, 559–571.

Duck, S. W., & Baggaley, J. (1975). Audience reaction and its effect on perceived expertise. *Communication Research, 2*, 79–85.

Dumitrescu, D. (2010). Know Me, Love Me, Fear Me: The Anatomy of Candidate Poster Designs in the 2007 French Legislative Elections. *Political Communication, 27*, 20–43.

Dumitrescu, D., Gidengil, E., & Stolle, D. (2015). Candidate Confidence and Electoral Appeal: An Experimental Study of the Effect of Nonverbal Confidence on Voter Evaluation. *Political Science Research and Methods, 3*, 43–52.

Dunkake, I., Kiechle, T., & Klein, M. (2012). Schöne Schüler, schöne Noten? Eine empirische Untersuchung zum Einfluss der physischen Attraktivität von Schülern auf die Notenvergabe durch das Lehrpersonal. *Zeitschrift für Soziologie, 41*, 142–161.

Efran, M. G., & Patterson, E. W. J. (1974). Voters Vote Beautiful: The Effect of Physical Appearance on a National Election. *Behavioral Science, 6*, 352–356.

Efron, D. (1972). *Gesture, Race and Culture*. Den Haag: Mouton & Co.

Eibl-Eibesfeldt, I. (1973). The expressive behavior of the deaf- and blind-born. In M. von Cranach, & I. Vine (Hrsg.), *Nonverbal behavior and expressive movements* (S. 163–194). New York: Academic.

Ekman, P., & Friesen, W. V. (1978). *Facial Action Coding System: A Technique for the Measurement of Facial Movement*. Palo Alto, CA: Consulting Psychologists Press.

Ekman, P., & O'Sullivan, M. (1991). Who Can Catch A Liar? *American Psychologist, 46*, 913–920.

Ekman, P., Friesen, W., & Ellsworth, P. (1974). *Gesichtssprache: Wege zur Objektivierung menschlicher Emotionen*. Wien, Köln, Graz: Böhlau.

Ekman, P., Leveson, R. W., & Friesen, W. V. (1983). Autonomic Nervous System Activity Distinguishes among Emotions. *Science, 221*, 1208–1210.

Entman, R. M. (1993). Framing: Toward clarification of a fractured paradigm. *Journal of Communication, 43*, 51–58.

Esser, F. (2008). Dimensions of Political News Cultures: Sound Bite and Image Bite News in France, Germany, Great Britain and the United States. *International Journal of Press/Politics, 13*, 401–428.

Faas, T., & Maier, J. (2004). Schröders Stimme, Stoibers Lächeln: Wahrnehmungen von Gerhard Schröder und Edmund Stoiber bei Sehern und Hörern der Fernsehdebatten im Vorfeld der Bundestagswahl 2002. In T. Knieper, & M. G. Müller (Hrsg.), *Visuelle Wahlkampfkommunikation* (S. 186–209). Köln: von Halem.

Forrest, J. A., & Feldman, R. S. (2000). Detecting deception and judge's involvement: Lower task involvement leads to better lie detection. *Personality and Social Psychology Bulletin, 26*, 188–125.

Frank. M. G., Ekman, P., & Friesen, W. V. (1993). Behavioral markers and recognizability of the smile of enjoyment. *Journal of Personality and Social Psychology, 64*, 83–93.

Frey, S. (1999). *Die Macht des Bildes. Der Einfluß der nonverbalen Kommunikation auf Kultur und Politik*. Bern, Göttingen, Toronto, Seattle: H. Huber.

Früh, W. (2007). *Inhaltsanalyse: Theorie und Praxis*. Konstanz: UVK.

Furnham, A., Lavancy, M., & McClelland, A. (2001). Waist to hip ratio and facial attractiveness: A pilot study. *Personality and Individual Differences, 30*, 491–502.

Geise, S. (2011). *Vision that matters. Die Funktions- und Wirkungslogik Visueller Politischer Kommunikation am Beispiel des Wahlplakats*. Wiesbaden: VS Verlag.

Geise, S. & Lobinger, K. (2013). *Visual Framing: Perspektiven und Herausforderungen der Visuellen Kommunikationsforschung*. Köln: von Halem.

Geise, S. & Rössler, P. (2012). Visuelle Inhaltsanalyse: Ein Vorschlag zur theoretischen Dimensionierung der Erfassung von Bildinhalten. *Medien und Kommunikationswissenschaft, 60*, 341–361.
Gelb, M. (1989). *Überzeugend reden, sicher auftreten. Mit mind mapping und Alexander Technik*. Berlin: Synchron-Verlag.
Gelinas-Chebat, C., & Chebat, J.-C. (1992). Effects of Two Voice Characteristics on the Attitudes toward Advertising Messages. *The Journal of Social Psychology, 132*, 447–459.
Gélinas-Chebat, C., Chebat, J.-C., & Vaninsky, A. (1996). Voice and advertising: Effects of intonation and intensity of voice on source credibility, attitudes toward the advertised service and the intent to buy. *Perceptual and Motor Skills, 83*, 243–262.
Giles, H. (1973). Accent mobility: A model and some data. *Anthropological Linguistics, 15*, 87–105.
Grabe, M. E., & Bucy, E. P. (2009). *Image Bite Politics. News and the Visual Framing of Elections*. New York: Oxford University Press.
Graber, D. (1990). Seeing is remembering. How visuals contribute to learning from television news. *Journal of Communication, 40*, 134–156.
Grammer, K., & Thornhill, R. (1994). Human (Homo sapiens) facial attractiveness and sexual selection. The role of symmetry and averageness. *Journal of Comparative Psychology, 108*, 233–242.
Grammer, K., Fink, B., Møller, A. P., & Thornhill, R. (2003). Darwinian aesthetics: Sexual selection and the biology of beauty. *Biological Review, 78*, 385–407.
Gregory, S. W., & Gallagher T. J. (2002). Spectral analysis of candidates' nonverbal vocal communication: Predicting U.S. presidential election outcomes. *Social Psychology Quarterly, 65*, 298–308.
Gregory, S. W., & Webster, S. (1996). A Nonverbal Signal in Voices of Interview Partners Effectively Predicts Communication Accommodation and Social Status Perceptions. *Journal of Personality and Social Psychology, 70*, 1231–1240.
Griffin, M. (2008). Visual communication. In W. Donsbach (Hrsg.), *The international encyclopedia of communication* (S. 5304–5316). Oxford, UK: Wiley-Blackwell.
Grittmann, E. (2007). *Das politische Bild. Fotojournalismus und Pressefotografie in Theorie und Empirie*. Köln: von Halem.
Gullberg, M., & Holmqvist, K. (2006). What speakers do and what listeners look at. Visual attention to gestures in human interaction live and on video. *Pragmatics and Cognition, 14*, 53–82.
Hamermesh, D. S., & Biddle, J. E. (1994). Beauty and the Labour Market. *American Economic Review, 84*, 1174–1194.
Harrigan, J. A. (2005). Proxemics, kinesics, and gaze. In J. A. Harrigan, R. Rosenthal, & K. R. Scherer (Hrsg.), *The new handbook of methods in nonverbal behavior research* (S. 137–198). New York: Oxford University Press.
Harrigan, J. A., & O'Connell, D. M. (1996). Facial movements during anxiety states. *Personality and Individual Differences, 21*, 205–212.
Hart, W., Ottati, V. C., & Krumdick, N. D. (2011). Physical attractiveness and candidate evaluation. A model of correction. *Political Psychology, 32*, 181–203.
Haßler, J., Maurer, M., & Oschatz, C. (2015). Interaktivität, Multimedialität und Hyperlinkstruktur. Wie nutzen die Rezipienten politische Online-Angebote? Online abgerufen unter http://www.hamburger-wahlbeobachter.de/2015/02/interaktivitat-multimedialitat-und.html am 29.9.2015

Haumer, F., & Donsbach, W. (2009). The Rivalry of Nonverbal Cues on the Perception of Politicians by Television Viewers. *Journal of Broadcasting and Electronic Media, 53,* 262–279.

Heilman, M. E., & Saruwatari, L. R. (1979). When beauty is beastly: The effects of appearance and sex on evaluations of job applicants for managerial and nonmanagerial jobs. *Organizational Behavior and Human Decision Processes, 23,* 360–372.

Henn, P., Dohle, M., & Vowe, G. (2013). „Politische Kommunikation": Kern und Rand des Begriffsverständnisses in der Fachgemeinschaft. Ein empirischer Ansatz zur Klärung von Grundbegriffen. *Publizistik, 58,* 367–387.

Henss, R. (1987). Zur Beurteilerübereinstimmung bei der Einschätzung der physischen Attraktivität junger und alter Menschen. *Zeitschrift für Sozialpsychologie, 18,* 118–130.

Holicki, S. (1993). *Pressefoto und Pressetext im Wirkungsvergleich. Eine experimentelle Untersuchung am Beispiel von Politikerdarstellungen.* München: R. Fischer.

Holtz-Bacha, C. (2000). *Wahlwerbung als politische Kultur. Parteienspots im Fernsehen 1957–1998.* Wiesbaden: Westdeutscher Verlag.

Holtz-Bacha, C., & Koch, T. (2008). Der Merkel-Faktor – Die Berichterstattung der Printmedien über Merkel und Schröder im Bundestagswahlkampf 2005. In C. Holtz-Bacha (Hrsg.), *Frauen, Medien, Politik* (S. 49–71). Wiesbaden: VS Verlag.

Holtz-Bacha, C., Rössler, P., & Lessinger, E.-M. (2005). Do pictures make a difference? The myth of the two debate audiences. In P. Rössler, & F. Krotz (Hrsg.), *Mythen der Mediengesellschaft – The media society and its myths* (S. 303–319). Konstanz: UVK.

Horiuchi, Y., Komatsu, T., & Nakaya, F. (2012). Should candidates smile to win elections? An application of automated face recognition technology. *Political Psychology, 33,* 925–933.

Imada, A. S., & Hakel, M. D. (1977). Influence of nonverbal communication and rater proximity on impressions and decisions in simulated employment interviews. *Journal of Applied Psychology, 62,* 295–300.

Jackob, N., Petersen, T., & Roessing, T. (2008). Strukturen der Wirkung von Rhetorik. Ein Experiment zum Wirkungsverhältnis von Text, Betonung und Körpersprache. *Publizistik, 53,* 215–230.

Jandt, F. E. (1995). *Intercultural communication: An introduction.* Thousand Oaks, CA: Sage.

Jost, P. (2013). Politiker im #Neuland. Eine Untersuchung der Kommunikation von Bundestagsabgeordneten auf Facebook. Unveröffentlichte Masterarbeit. Universität Jena.

Juslin, P. N. & Laukka, P. (2003). Communication of emotions in vocal expression and music performance: Different channels, same code? *Psychological Bulletin, 129,* 770–814.

Juslin, P. N., & Scherer, K. R. (2005). Vocal expression of affect. In J. A. Harrigan, R. Rosenthal, & K. R. Scherer. (Hrsg.), *The new handbook of methods in nonverbal behavior research* (S. 65–135). New York: Oxford University Press.

Just, M. A., & Carpenter, P. A. (1980). A theory of reading: From eye fixations to comprehension. *Psychological Review, 87,* 329–354.

Kaid, L. L., & Johnston, A. (2001). *Videostyle in Presidential Campaigns.* Westport: Praeger.

Kepplinger, H. M. (1982). Visual Biases in Television Campaign Coverage. *Communication Research 9,* 432–446.

Kepplinger, H. M. (1987). *Darstellungseffekte. Experimentelle Untersuchungen zur Wirkung von Pressefotos und Fernsehfilmen.* Freiburg im Breisgau: K. Alber.

Kepplinger, H. M. (2010). *Nonverbale Medienkommunikation.* Wiesbaden: VS Verlag.

Kepplinger, H. M., Brosius, H.-B., & Dahlem, S. (1994). *Wie das Fernsehen Wahlen beeinflußt. Theoretische Modelle und empirische Analysen.* München.

Kepplinger, H. M., Brosius, H.-B., & Heine, N. (1990). Contrast Effects of Nonverbal Behavior in Television Interviews. *Communications, 15*, 121–134.

Kepplinger, H. M., & Daschmann, G. (1997). Today's News – Tomorrow's Ccntext. A Dynamic Model of News Processing. *Journal of Broadcasting & Electronic Media, 41*, 548–563.

Kepplinger, H. M., & Glaab, S. (2005). Trends und Tendenzen in der Werbekommunikation. Eine Analyse von Sprache und Bildern der Anzeigen in Der Spiegel, Stern und Brigitte 1995–2003. In S. Dierks & M. Hallemann (Hrsg.), *Die Bildsprache der Werbung – und wie sie wirkt* (S. 17–61). Hamburg: Deutscher Fachverlag.

Kepplinger, H. M., & Maurer, M. (1999). Der Nutzen erfolgreicher Inszenierungen. In C. Holtz-Bacha (Hrsg.), *Wahlkampf in den Medien – Wahlkampf mit den Medien. Ein Reader zum Wahljahr 1998* (S. 24–39). Opladen: Westdeutscher Verlag.

King, C., & Lester, P. (2005). Photographic coverage during the Persian Gulf and Iraqi wars in three U.S. newspapers. *Journalism & Mass Communication Quarterly, 82*, 623–637.

Klein, M., & Rosar, U. (2005). Physische Attraktivität und Wahlerfolg. Eine empirische Analyse am Beispiel der Wahlkreiskandidaten bei der Bundestagswahl 2002. *Politische Vierteljahresschrift, 46*, 263–287.

Klein, M., & Rosar, U. (2006). Das Auge hört mit! Der Einfluss der physischen Attraktivität des Lehrpersonals auf die studentische Evaluation von Lehrveranstaltungen – eine empirische Analyse am Beispiel der Wirtschafts- und Sozialwissenschaftlichen Fakultät der Universität zu Köln. *Zeitschrift für Soziologie, 35*, 305–316.

Kleinke, C. L., & Singer, D. A. (1979). Influence of gaze on compliance with demanding and conciliatory requests in a field setting. *Personality and Social Psychology, 13*, 218–223.

Klofstad, C.A., Anderson, R.C., & Peters, S. (2012). Sounds Like a Winner: Voice Pitch Influences Perception of Leadership Capacity in Both Men and Women. *Proceedings of the Royal Society B: Biological Sciences, 297*, 2698–2704.

Kolbe, A. (2000). Der Aufbau von Reden. Bedeutung, Wirkung und Aufbau von Wahlkampfreden. In O. Altendorfer, H. Wiedermann, & H. Mayer (Hrsg.), *Handbuch. Der moderne Medienwahlkampf. Professionelles Wahlkampfmanagement unter Einsatz neuer Medien, Strategien und Psychologien* (S. 472–481). Eichstätt.

Koppensteiner, M., & Grammer, K. (2010). Motion patterns in political speech and their influence on personality ratings. *Journal of Research in Personality, 44*, 374–379.

Kraft, R. N. (1987). The influence of camera angle on comprehension and retention of pictorial events. *Memory & Cognition, 15*, 291–307.

Kramer, R. S., Arend, I., & Ward, R. (2010). Perceived health from biological motion predicts voting behaviour. *Quarterly Journal of Experimental Psychology, 63*, 625–632.

Krauss, R. M., Apple, W., Morency, N., Wenzel, C., & Winton, W. (1981). Verbal, vocal, and visible factors in judgements of another's affect. *Journal of Personality and Social Psychology, 40*, 312–320.

Kunczik, M., & Zipfel, A. (2001). *Publizistik. Ein Studienhandbuch.* Köln u. a: Böhlau.

LaFrance, M., & Hecht, M. A. (1995). Why smiles generate leniency. *Personality and Social Psychology Bulletin, 21*, 207–214.

Lang A. (1995). Defining audio/video redundancy from a limited-capacity information processing perspective. *Communication Research, 22*, 86–115.

Lappako, D. (1997). Three cheers for language. A closer examination of a widely cited study on nonverbal communication. *Communication Education, 46*, 63–67.

Lasswell, H. D. (1942). The Politically Significant Content of the Press: Coding Procedures. *Journalism Quarterly, 19*, 12–23.

Laustsen, L. (2014). Decomposing the Relationship between Candidates' Facial Appearance and Electoral Success. *Political Behavior, 36*, 777–791.

Leckner, S. (2012). Presentation factors affecting reading behaviour in readers of newspaper media. An eyetracking perspective. *Visual Communication, 11*, 163–184.

Leigh, A., & Susilo, T. (2009). Is voting skin-deep? Estimating the effect of candidate ballot photographs on election outcomes. *Journal of Economic Psychology, 30*, 61–70.

Lenz, G. S., & Lawson, C. (2011). Looking the Part: Television Leads Less Informed Citizens to Vote Based on Candidates' Appearance. *American Journal of Political Science, 55*, 574–89.

Lessinger, E.-M., & Holtz-Bacha, C. (2006). Politische Farbenlehre: Plakatwahlkampf 2005. In C. Holtz-Bacha (Hrsg.), *Die Massenmedien im Wahlkampf. Die Bundestagswahl 2005* (S. 80–125). Wiesbaden: VS Verlag.

Lessinger, E.-M., Moke, M., & Holtz-Bacha, C. (2003). „Edmund, Essen ist fertig" – Plakatwahlkampf 2002– Motive und Strategien. In C. Holtz-Bacha (Hrsg.), *Die Massenmedien im Wahlkampf. Die Bundestagswahl 2002* (S. 216–242). Wiesbaden: Westdeutscher Verlag.

Libet, B. (1991). Concious vs. neural time. *Nature 352*, 27–28.

Little, A. C., Burriss, R. P., Jones, B. C., & Roberts, S. C. (2007). Facial appearance affects voting decisions. *Evolution and Human Behavior, 28*, 18–27.

Lobinger, K. (2012). *Visuelle Kommunikationsforschung. Medienbilder als Herausforderung für die Kommunikations- und Medienwissenschaft*. Wiesbaden: Springer VS.

Ludes, P. (1993). *Von der Nachricht zur News-Show. Fernsehnachrichten aus der Sicht der Macher*. München.

Lutz, G. (2010). The electoral success of beauties and beasts. *Swiss Political Science Review, 16*, 457–480.

Maier, M., Ruhrmann, G., & Stengel, K. (2009). *Der Wert der Nachrichten im deutschen Fernsehen: Inhaltsanalyse der TV-Nachrichten im Jahr 2007*. Landesanstalt für Medien Nordrhein-Westfalen (LfM).

Mandell, L. M., & Shaw, D. L. (1973). Judging people in the news unconsciously. Effect of camera angle and bodily activity. *Journal of Broadcasting, 17*, 353–362.

Masters, R. D., Frey, S., & Bente, G. (1991). Dominance & attention: Images of leaders in German, French, & American TV news. *Polity, 23*, 373–394.

Masters, R. D., Sullivan, D. G., Lanzetta, J. T., McHugo, G. J., & Englis, B. G. (1986). The facial displays of leaders: Toward an ethology of human politics. *Journal of Social and Biological Structures, 9*, 319–43.

Matsumoto, D. (1992). More evidence for the universality of a contempt expression. *Motivation & Emotion, 16*, 363–368.

Mattes, K., Spezio, M., Hackjin, K., Todorov, A., Adolphs, R., & Alvarez, R. M. (2010). Predicting Election Outcomes from Positive and Negative Trait Assessments of Candidate Images. *Political Psychology, 31*, 41–58.

Maurer, M. (2009). Sagen Bilder mehr als tausend Worte? Die Relevanz verbaler und visueller Informationen für die Urteilsbildung über Personen im Fernsehen. *Medien & Kommunikationswissenschaft, 57*, 198–216.

Maurer, M., & Engelmann, I. (2014). Personalisierung und Visualisierung in der Politikberichterstattung. In M. Dohle, & G. Vowe (Hrsg.), *Politische Unterhaltung – Unterhaltende Politik. Forschung zu Medieninhalten, Medienrezeption und Medienwirkungen* (S. 118–137). Köln: von Halem.

Maurer, M., & Kepplinger, H. M. (2003). Warum die Macht der Fernsehbilder wächst. Verbale und visuelle Informationen in den Fernsehnachrichten vor den Bundestagswahlen 1998 und 2002. In C. Holtz-Bacha (Hrsg.), *Die Massenmedien im Wahlkampf. Die Bundestagswahl 2002* (S. 82–97). Wiesbaden: VS Verlag.

Maurer, M., & Reinemann, C. (2006). *Medieninhalte. Eine Einführung*. Wiesbaden: VS Verlag.

Maurer, M., & Reinemann, C. (2015). Do uninvolved voters rely on visual message elements? A test of a central assumption of the ELM in the context of televised debates. *Zeitschrift Politische Psychologie/Journal of Political Psychology* (im Druck)

Maurer, M., Reinemann, C., Maier, J., & Maier, M. (2007). *Schröder gegen Merkel. Wahrnehmung und Wirkung des TV-Duells 2005 im Ost-West-Vergleich*. Wiesbaden: VS Verlag.

Maurer, M., & Reuter, T. (2008). „Ich glaube, die Deutschen hassen mich." De: Einfluss verbaler und visueller Medieninformationen über Entführungen auf Personenwahrnehmung, Verantwortungszuschreibung und emotionale Reaktionen. *Publizistik, 53*, 560–577.

Maurer, M., & Schoen, H. (2010). Der mediale Attraktivitätsbonus. Wie die physische Attraktivität von Wahlkreiskandidaten die Medienberichterstattung in Wahlkämpfen beeinflusst. *Kölner Zeitschrift für Soziologie und Sozialpsychologie, 62*, 277–295.

McCain, T. A., Chilberg, J., & Wakshlag, J. J. (1977). The effect of camera angle on source credibility and attraction. *Journal of Broadcasting, 21*, 35–46.

McGurk, H., & McDonald, J. (1976). Hearing Lips and seeing voices. *Nature, 264*, 746–748.

McKinnon, L. M., Tedesco, J. C., & Kaid, L. L. (1993). The third 1992 presidential debate. Channel effects. *Argumentation and Advocacy, 30*, 106–118.

Mehrabian, A., & Ferris, S. R. (1967). Inference of Attitudes from Nonverbal Communication in Two Channels. *Journal of Consulting Psychology, 31*, 48–258.

Mehrabian, A., & Wiener, M. (1967). Decoding of inconsistent communications. *Journal of Personality and Social Psychology, 6*, 109–114.

Messaris, P., & Abraham, L. (2001). The Role of Images in Framing News Stories. In S. D. Reese, O. H. Gandy, & A. E. Grant (Hrsg.), *Framing Public Life: Perspectives on Media and Our Understanding of the Social World* (S. 215–226). Mahwah, N.J.: Lawrence Erlbaum Associates.

Miller, N., Maruyama, G., Beaber, R. J., & Valone, K. (1976). Speed of speech and persuasion. *Journal of Personality and Social Psychology, 34*, 615–624.

Miniard, P. W., Bhatla, S., Lord, K. R., Dickson, P. R., & Unnava, H. R. (1991). Picture-based persuasion processes and the moderating role of involvement. *Journal of Consumer Research, 18*, 92–107.

Morello, J. T. (1988). Argument and visual structuring in the 1984 Mondale-Raegan debates: The medium's influence on the perception of clash. *Western Journal of Speech Communication, 46*, 39–50.

Morello, J. T. (1992). The "look" and language of clash: Visual structuring of argument in the 1988 Bush-Dukakis debates. *The Southern Communication Journal, 57*, 205–218.

Moriarty, S. E., & Popovich, M. N. (1991). Newsmagazine visuals and the 1988 presidential election. *Journalism Quarterly, 68*, 371–380.

Mullen, B., Futrell, D., Stairs, D., Tice, D. M., Dawson, K. E., Riordan, C. A., Kennedy, J. G., Baumeister, R. F., Radloff, C. E., Goethals, G. R., & Rosenfeld, P. (1986). Newscasters' facial expressions and voting behavior of viewers: Can a smile elect a president? *Journal of Personality and Social Psychology, 51*, 291–295.

Müller, M. (2003). *Grundlagen der visuellen Kommunikation. Theorieansätze und Analysemethoden.* Konstanz: UVK.

Mutz, D. C. (2007). Effects of "In-Your-Face" television discourse on perceptions of a legitimate opposition. *American Political Science Review, 101*, 621–635.

Nabi, R. L., & Hendriks, A. (2003). The persuasive effect of host and audience reaction shots in television talk shows. *Journal of Communication, 53*, 527–543.

Nagel, F. (2012). *Die Wirkung verbaler und nonverbaler Kommunikation in TV-Duellen eine Untersuchung am Beispiel von Gerhard Schröder und Angela Merkel.* Wiesbaden: Springer VS.

Nagel, F., Maurer, M., & Reinemann, C. (2012). Is There a Visual Dominance in Political Communication? How Verbal, Visual, and Vocal Communication Shape Viewers' Impressions of Political Candidates. *Journal of Communication, 62*, 833–850.

Newhagen, J. E., & Reeves, B. (1992). The evenings's bad news. Effects of compelling negative television news images on memory. *Journal of Communication, 42*, 25–41.

Oestreich, H. (1999). Let's dump the 55%, 38%, 7% Rule. *Transitions, 7*, 11–14.

Ostertag, M. (1991). *Zum Wirkungspotential nichtsprachlicher Äußerungen in politischen Sendungen. Der Einfluss offensiver und defensiver Verhaltensstrategien auf das Erscheinungsbild von Politikern und Journalisten in Fernsehinterviews.* Unveröffentlichte Dissertation. Universität Mainz.

Olivola, C. Y., & Todorov, A. (2010). Fooled by first impressions? Reexamining the diagnostic value of appearance-based inferences. *Journal of Experimental Social Psychology, 46*, 315–324.

Omori Y., & Miyata Y. (2001). Estimates of impressions based on frequency of blinking. *Social Behaviour Pers., 29*, 159–167.

Page, R. A., & Balloun, J. L. (1978). The effect of voice volume on the perception of personality. *The Journal of Social Psychology, 105*, 65–72.

Panofsky, E. (1979). Ikonographie und Ikonologie. In E. Kaemmerling (Hrsg.), *Ikonographie und Ikonologie. Theorie, Entwicklung, Probleme* (S. 207–225). Köln: Dumont.

Paivio, A. (1971). *Imagery and verbal processes.* New York: Holt, Rinehart, and Winston

Patterson, M. L., Churchill, M. E., Burger, G. K., & Powell, J. L. (1992). Verbal and nonverbal modality effects on impressions of political candidates: Analysis from the 1984 Presidential Debates. *Communication Monographs, 59*, 231–242.

Patterson, T. (1993). *Out of Order.* New York: Knopf.

Petersen, T. (2006). Lasswells Frage und Hovlands Problem. Feldexperimente zur Wirkung potenziell emotionalisierender Bildelemente in der Medienberichterstattung. *Publizistik 51*, 39–51.

Petersen, T., & Jandura, O. (2004). Der Test von Bildsignalen in Repräsentativumfragen und seine Verknüpfung mit Medieninhaltsanalysen in Bundestagswahlkampf 2002. In T. Knieper, & M. G. Müller (Hrsg.), *Visuelle Wahlkampfkommunikation* (S. 148–167). Köln: von Halem.

Petersen, T., & Schwender, C. (2011). *Die Entschlüsselung der Bilder. Methoden zur Erforschung visueller Kommunikation.* Köln: von Halem.

Petty, R. E., & Cacioppo, J. T. (1986). *Communication and Persuasion. Central and Peripheral Routes to Attitude Change*. New York: Springer.
Prosser, S., & Blaes, R. (1997). Präsentation und Ansage. In öffentlicher Einsamkeit. In R. Blaes, & G. Heussen (Hrsg.), *ABC des Fernsehens* (S. 325–329). Konstanz: UVK.
Puts, D. A. (2010). Beauty and the beast: Mechanisms of sexual selection in humans. *Evolution and Human Behavior, 31*, 157–175.
Redecker, B. (2008). *Persuasion und Prosodie. Eine empirische Untersuchung zur Perzeption prosodischer Stimuli in der Werbung*. Frankfurt a. M.: Verlag Peter Lang.
Reinemann, C., Maurer, M., Zerback, T., & Jandura, O. (2013). *Die Spätentscheider. Medieneinflüsse auf kurzfristige Wahlentscheidungen*. Wiesbaden: Springer VS.
Reinhard, M. A., & Sporer, S. L. (2008). Verbal and nonverbal behaviour as a basis for credibility attribution: The impact of task involvement and cognitive capacity. *Journal of Experimental Social Psychology, 44*, 477–488.
Reis, H. T., Wilson, I. M., Monestere, C., Bernstein, S., Clark, K., & Seidl, E. (1990). What is smiling is beautiful and good. *European Journal of Social Psychology, 20*, 259–267.
Rössler, P., Kersten, J., & Bomhoff, J. (2011). Fotonachrichtenfaktoren als Instrument zur Untersuchung journalistischer Selektionsentscheidungen. In O. Jandura, T. Quandt, & J. Vogelgesang (Hrsg.), *Methoden der Journalismusforschung* (S. 205–221). Wiesbaden: VS Verlag.
Roth, G. (2005). *Fühlen, Denken, Handeln. Wie das Gehirn unser Verhalten steuert*. Frankfurt am Main.
Rosar, U., Klein, M., & Beckers, T. (2008). The frog pond beauty contest. Physical attractiveness and electoral success of the constituency candidates at the North Rhine-Westphalia state election of 2005. *European Journal of Political Research, 47*, 64–79.
Rosenberg, S. W., & McCafferty, P. (1987). The Image and the Vote: Manipulating Voters' Preferences. *Public Opinion Quarterly 51*, 31–47.
Ruhrmann, G., & Göbbel, R. (2007). *Veränderung der Nachrichtenfaktoren und Auswirkungen auf die journalistische Praxis in Deutschland*. Wiesbaden: netzwerk recherche.
Ruhrmann, G., Woelke, J., Maier, M., & Diehlmann, N. (2003). *Der Wert von Nachrichten im deutschen Fernsehen. Ein Modell zur Validierung von Nachrichtenfaktoren*. Opladen: Leske + Budrich.
Sachs-Hombach, K. (2003). *Das Bild als kommunikatives Medium: Elemente einer allgemeinen Bildwissenschaft*. Köln: von Halem.
Sadoski, M., & Paivio, A. (2012). *Imagery and text: A dual coding theory of reading and writing*. New York: Routledge.
Sattler, J. (2014). *Handbuch Medientraining*. Berlin: Heragon Verlag.
Scherer, K. R. (1978). Personality inference from voice quality: The loud voice of extroversion. *European Journal of Social Psychology, 8*, 467–487.
Scheufele, B., & Gasteiger, C. (2007). Berichterstattung, Emotionen und politische Legitimierung. Eine experimentelle Untersuchung zum Einfluss der Politikberichterstattung auf die Legitimierung politischer Entscheidungen am Beispiel von Bundeswehreinsätzen. *Medien & Kommunikationswissenschaft, 55*, 534–554.
Scheufele, B., & Scheufele, D. A. (2010). Of spreading activation, applicability and schemas: Conceptual distinctions and their operational implications for measuring frames and framing effects. In P. D'Angelo, & J. Kuypers (Hrsg.), *Doing news framing analysis: Empirical and theoretical perspectives* (S. 110–134). Hillsdale, NJ: Routledge.

Scheufele, D. A., Kim, E., & Brossard, D. (2007). My friend's enemy: How split-screen debate coverage influences evaluation of presidential debates. *Communication Research, 34*, 3–24.

Schulz, W. (2011). *Politische Kommunikation Theoretische Ansätze und Ergebnisse empirischer Forschung*. Wiesbaden: Springer VS.

Schulz, W., & Zeh, R. (2010). Die Protagonisten in der Fernseharena. Merkel und Steinmeier in der Berichterstattung über den Wahlkampf 2009. In C. Holtz-Bacha (Hrsg.), *Die Massenmedien im Wahlkampf. Das Wahljahr 2009* (S. 313–338). Wiesbaden: VS Verlag.

Seiter, J. S., & Weger, H., Jr. (2005). Audience perceptions of candidates' appropriateness as a function of nonverbal behaviors displayed during televised political debates. *The Journal of Social Psychology, 145*, 225–235.

Shah, D. V., Hanna, A., Bucy, E. P., Wells, C., & Quevedo, V. (2015). The power of television images in a social media age: Linking biobehavioral and computational approaches via the second screen. *The ANNALS of the American Academy of Political and Social Science, 659*, 225–245.

Sigelman, L., Sigelman, C. K., & Fowler, C. (1987). A Bird of a Different Feather? An Experimental Investigation of Physical Attractiveness and the Electability of Female Candidates. *Social Psychology Quarterly, 50*, 32–43.

Singletary, M. W., & Lamb, C. (1984). News Values in Award-Winning Photos. *Journalism Quarterly, 61*, 104–108.

Sinnett, S., Spence, C., & Soto-Faraco, S. (2007). Visual dominance and attention: The Colavita effect revisited. *Perception & Psychophysics, 69*, 673–686.

Smith, B. L., Brown, B. L., Strong, W.J., & Rencher, A. C. (1975). Effect of speech rate on personality perception. *Language und Speech, 18*, 145–152.

Spezio, M. L., Loesch, L., Gosselin, F., Mattes, K., & Alvarez, R. M. (2012). Thin-Slice Decisions Do Not Need Faces to Be Predictive of Election Outcomes. *Political Psychology, 33*, 331–341.

Sroufe, L. A. (1984). The Organization of Emotional Development. In P. Ekman, & K. R. Sherer (Hrsg.), *Approaches to Emotion* (S. 109–128). Hillsdale, NJ: Erlbaum.

Staab, J. F. (1998). Informationsleistung von Wort und Bild in Fernsehnachrichten. Eine vergleichende Analyse der „CBS-Evening News", der „Tageschau" und der „Aktuellen Kamera" seit ihrer Erstausstrahlung. *Publizistik, 43*, 411–426.

Stewart, P. A., & Ford Dowe, P. K. (2013). Interpreting President Barack Obama's Facial Displays of Emotion: Revisiting the Dartmouth Group. *Political Psychology, 34*, 369–385.

Stewart, P. A., Waller, B. M., & Schubert, J. N. (2009). Presidential speechmaking style: Emotional response to micro-expressions of facial affect. *Motivation and Emotion, 33*, 125–135.

Strack, F., Martin, L. L., & Stepper, S. (1988). Inhibiting and Facilitating Conditions of the Human Smile: A Nonobtrusive Test of the Facial Feedback Hypothesis. *Journal of Personality and Social Psychology, 54*, 768–777.

Sullivan, D. G., & Masters, R. D. (1988). "Happy Warriors": Leaders' Facial Displays, Viewers' Emotions, and Political Support. *American Journal of Political Science, 32*, 345–368.

Sülflow, M., & Esser, F. (2014a). Visuelle Kandidatendarstellung in Wahlkampfbeiträgen deutscher und amerikanischer Fernsehsender: Image Bites, Rollenbilder und nonverbales Verhalten. *Publizistik, 59*, 285–306.

Sülflow, M., & Esser, F. (2014b). Visuelle Gestaltungsmittel in der Wahlkampfberichterstattung amerikanischer und deutscher Fernsehnachrichten: Der Einsatz von Kameraperspektiven und Einstellungsgrößen. *Studies in Communication/Media, 3*, 101–119.

Surawski, M. K., & Ossoff, E. P. (2006). The effects of physical and vocal attractiveness on impression formation of politicians. *Current Psychology, 25*, 15–27.

Takashima, K., Omori, Y., Yoshimoto, Y., Itoh, Y., Kitamura, Y., & Kishino, F. (2008). Effects of Avatar's Blinking Animation on Person Impressions. In L. Bartram & C. Shaw (Hrsg.). *Graphics interface 2008: Proceedings of Graphic Interface* (S. 169–176). Windsor, Ontario.

Tecce, J. J. (2004). *Body Language in 2004 Presidential Debates*. Online abgerufen unter http://www.social-engineer.org/wiki/archives/EyeMovement/EyeMovement-2004ElectionAnalysis.htm am 29.09.2015.

Tecce, J. J., & Cole, J. O. (1976). The distraction-arousal hypothesis, CNV, and schizophrenia. In D. I. Mostofsky (Hrsg.), *Behavior control and modification of physiological activity* (S. 162–219). Englewood Cliffs, N. J.: Prentice-Hall.

Thayer, L. (1979). Communication: Sine qua non of the behavioral sciences. In R. W. Budd, & B. D. Ruben (Hrsg.), *Interdisciplinary approaches to human communication* (S. 7–20). Rochelle Park, NJ: Hayden.

Tiemens, R. K. (1978). Television's portrayal of the 1976 presidential debates: An analysis of visual content. *Communication Monographs, 45*, 362–370.

Tigue, C. C., Borak, D. J., O'Connor, J. J. M., Schandl, C., & Feinberg, D. R. (2012). Voice pitch influences voting behavior. *Evolution and Human Behavior, 33*, 210–216.

Tiippana K., Andersen, T. S., & Sams, M. (2004). Visual attention modulates audiovisual speech perception. *European Journal of Cognitive Psychology, 16*, 457–472.

Todorov, A., Mandisodza, A. N., Goren, A., Hall, C. C. (2005). Inferences of competence from faces predict election outcomes. *Science, 308*, 1623–1626.

Trimboli, A., & Walker, M. B. (1987). Nonverbal dominance in the communication of affect: A myth? *Journal of Nonverbal Behavior, 11*, 180–190.

Tsfati, Y., Elfassi, D. M., & Waismel-Manor, I. (2010). Exploring the association between Israeli legislators' physical attractiveness and their television news coverage. *International Journal of Press/Politics, 15*, 175–192.

Vancil, D. L., & Pendell, S. D. (1987). The Myth of Viewer-Listener Disagreement in the First Kennedy-Nixon Debate. *Central States Speech Journal, 38*, 16–27.

Verhulst, B., Lodge, M., & Lavine, H. (2010). The attractiveness halo. Why some candidates are perceived more favorably than others. *Journal of Nonverbal Behavior, 34*, 111–117.

Verser, R., & Wicks, R. H. (2006). Managing voter impressions. The use of images on presidential candidate web sites during the 2000 campaign. *Journal of Communication, 56*, 178–197.

Vliegenthart, R. (2012). The professionalization of political communication? A longitudinal analysis of Dutch election campaign posters. *American Behavioral Scientist, 56*, 135–150.

Waismel-Manor, I., & Tsfati, Y. (2011). Why do better-looking members of congress receive more television coverage? *Political Communication, 28*, 440–463.

Waldman, P., & Devitt, J. (1998). Newspaper photographs and the 1996 presidential election: The question of bias. *Journalism and Mass Communication Quarterly, 75*, 302–311.

Welcome, S. E., Paivio, A., McRae, K., & Joanisse, M. F. (2011). An electrophysiological study of task demands on concreteness effects: Evidence for dual coding theory. *Experimental Brain Research, 212*, 347–358.

Wilke, J. (2004). Die Visualisierung der Wahlkampfberichterstattung in Tageszeitungen 1949–2002. In T. Knieper, & M. G. Müller (Hrsg.), *Visuelle Wahlkampfkommunikation* (S. 210–230). Köln: von Halem.

Wilke, J., & Leidecker, M. (2010). Ein Wahlkampf, der keiner war? Die Presseberichterstattung zur Bundestagswahl 2009 im Langzeitvergleich. In C. Holtz-Bacha (Hrsg.), *Die Massenmedien im Wahlkampf. Das Wahljahr 2009* (S. 339–372). Wiesbaden: VS-Verlag.

Woodall, W. G., Burgoon, J. K., & Markel, N. (1980). The effects of facial-head cue combinations on interpersonal evaluations. *Communication Quarterly, 28*, 47–55.

Ziegler, R., Arnold, F., & Diehl, M. (2007). Das TV-Duell im Bundestagswahlkampf 2002: Ein Medienvergleich. In S. Trepte, & E. H. Witte (Hrsg.), *Sozialpsychologie und Medien. Beiträge des 22. Hamburger Symposions zur Methodologie der Sozialpsychologie* (S. 196–214). Lengerich: Pabst Science.

The manufacturer's authorised representative in the EU is Springer Nature Customer Service Centre GmbH, Europaplatz 3, 69115 Heidelberg, Germany. If you have any concerns regarding our products, please contact ProductSafety@springernature.com

Printed and bound by CPI Group (UK) Ltd, Croydon, CR0 4YY
23/03/2026
02076396-0012